Inteligencia Artificial etcétera

Jorge Izquierdo

Inteligencia
Artificial
etcétera

GARAJE

© Jorge Izquierdo y El Garaje Ediciones
Primera edición: febrero de 2024
Diseño de portada y maquetación: Josu Gastón

El Garaje Ediciones, S.L.
C/ Cacereños 54, local 4 28021 Madrid
www.elgarajeediciones.com
Tfnos.: 91 798 69 11 • 600 241 668

ISBN: 978-84-126213-6-5
Depósito Legal: M-1468-2024
Imprime: SAFEKAT
Impreso en España

Índice

PRÓLOGO

Iñaki Alrui

La máquina de vapor tuvo muchos detractores en su tiempo, hoy nadie duda de lo que significó para la Revolución Industrial. Probablemente nos encontramos en un momento histórico parecido, y siempre aplaudimos el progreso. Sin embargo, como no podía ser de otra manera, el lanzamiento de la Inteligencia Artificial nos plantea grandes dudas técnicas, prácticas y filosóficas.

Este libro que tienes en tus manos busca dar respuestas de forma concisa, sin artificios literarios. Expone de manera amena "eso" que llaman la Inteligencia Artificial, partiendo de un breve pero necesario recorrido por la historia de la programación, pasando por ejemplos de lenguajes binarios o métodos de lógica matemática, hasta las cajas negras (cajas trampa de combinaciones algorítmicas) de los inaccesibles programas de la IA.

Un libro ajeno a los intereses de las grandes corporaciones que sobrevaloran desorbitadamente las cualidades de estos nuevos productos (¿hablamos de capitalismo?) para convencernos de aceptar lo inevitable, o para que nos resignemos sumisamente a lo impuesto.

La científica computacional de origen etíope, Timnit Gebru, despedida de Google en 2020, advertía de los peligros de desarrollar las nuevas tecnologías sin ningún tipo de regulación, dejándonos dos preguntas necesarias: ¿Qué nos aporta la IA? ¿Realmente la necesitamos? Y por cierto, ¿quién se beneficia económicamente de ella? Esta última pregunta es de un servidor.

El lanzamiento del ChatGPT y su introducción inmediata en la sociedad, más por la machacona insistencia de los medios y los ríos de tinta dedicados que por necesidad, es un ejemplo claro de la utilización del desconocimiento en beneficio de una tecnología sobre la que parece que no está permitido reflexionar, ni acerca de sus usos, ni tampoco acerca de quién y cómo produce esta denominada "inteligencia".

Tal vez, igual, la IA (camuflada bajo otras denominaciones) ya estaba aquí mucho antes y nadie intentó vendernos nada: simplemente asumimos la perfección de la programación computacional en miles de cosas y sistemas de nuestro día a día. ¿Alguien duda de la complejidad y al mismo tiempo de la perfección del funcionamiento de los semáforos, por ejemplo en una ciudad como Tokio con más de 37 millones de habitantes? Lo asumimos como normal, pero si nos paramos a pensarlo es extremadamente complejo. Nadie pone en duda los modelos bancarios y su criterio para conceder un crédito, una hipoteca o un tipo de interés, tampoco para ser seleccionados para un puesto de trabajo, después de introducidos nuestros datos en un sofisticado programa gobernado por millones de operaciones algorítmicas realizadas en menos de un segundo.

Igual la IA ya estaba aquí antes de que nos lo contaran los de Silicon Valley, antes de la actual exageración del futuro control de la máquina, llámese robótica o nueva ingeniería, una tecnología que en cualquier caso parece empujarnos a una obligada aceptación, renunciando a nuestra consciencia, nuestra capacidad de pensar, de abstraernos, de comprender, renunciando a la oratoria, la prudencia, el ingenio, la habilidad, definiciones comunes de nuestra inteligencia. No encadenamos solo palabras en nuestras conversaciones, creamos diálogos lógicos con los que poder comunicarnos con el otro.

Son precisamente nuestras imperfecciones las que nos hacen mejores y personalmente únicos dentro de una vida en sociedad. Casi lo contrario a la generalidad y el "formato estándar" de individualidad que nos proponen, gracias a la publicidad y el marketing, los nuevos métodos estadísticos, los árboles de decisión, la regresión logística o los conjuntos de datos, todo encabezado por el sacrosanto algoritmo. ¡Lo llaman "inteligencia" y no lo es! A veces se trata de asimilar, de conocer y de poner en práctica nuestras imperfecciones.

Jorge Izquierdo nos arroja luz y coherencia en torno a la IA, en este libro breve pero profundamente intenso. ¡Adelante!

INTRODUCCIÓN

Contrariamente a lo que muchos puedan pensar, la Inteligencia Artificial es tan antigua como la informática. Es más, las motivaciones que llevaron al hombre a crear máquinas digitales, allá por los años cincuenta, tenían como primer objetivo crear "una mente" destinada a producir inteligencia, similar o superior a la humana en una máquina. Una vez se pusieron manos a la obra comprendieron que era un problema demasiado fuerte para enfrentarse a él. Y esa resistencia para resolver el problema no lo era tanto por cuestiones técnicas sino porque básicamente no sabían, y siguen sin saber, como funciona exactamente la mente. Si crear una inteligencia lógica, resolver una tarea determinada utilizando el razonamiento lógico era y es un problema que se nos resiste, los científicos pensaron que quizás debían abrir una segunda vía y construir sistemas más sencillos, por debajo de los símbolos, simplemente reconociendo regularidades (patrones) entre grandes cantidades de datos y utilizar esta estadística de patrones para evaluar, comparar y completar otros datos. Desmenuzar un gran problema en cientos de miles de problemas mucho más pequeños, y cotidianos, nos permitiría ir comprendiendo a la mente, aunque sea de una forma débil, pensaron. En cualquier caso, para comprender a la mente, aunque sea de forma débil o para ser capaces de fabricarla venciendo todas las resistencias, no podemos escapar de la ciencia y de la ingeniería y también de la filosofía, la psicología y hasta de la lingüística.

¿Pero qué hay de la política? Ese conjunto de actividades en el que se toman decisiones en grupo, nos relacionamos entre individuos y con el poder. La política se ejerce, desde hace decenas de miles de años, en una amplia gama de niveles sociales, desde clanes y tribus de sociedades tradicionales, pasando por modernos y postmodernos gobiernos locales, por supuesto en instituciones y estados soberanos, también en empresas. ¿Cómo podemos comprender una mente obviando que el hombre es un animal político? ¿Cómo podemos permitir que se construyan mentes artificiales obviando precisamente a los seres humanos? Somos animales políticos, en cuyos asuntos públicos participamos, en mayor o menor medida, con el objetivo de lograr el bien común y la felicidad de las personas.

Aquí radica seguramente la originalidad, y la dificultad, de este ensayo que no trata exclusivamente de poner bajo la lupa los nuevos avances en eso que ha venido en llamarse Inteligencia Artificial sino también en darle un enfoque público, político. Dicho de otra forma, el presente libro podría haberse titulado "¿La Inteligencia Artificial puede ayudarnos o explotarnos?"

Semejante denominación llevaría a pensar a muchos que este libro versa sobre una visión catastrófica de la tecnología en general y de la IA en particular. Y no, simplemente se trata de preguntarse en voz alta si los grandes avances técnicos, generalmente sufragados con dinero público, deben seguir una lógica, nunca mejor dicho, capitalista. No hace falta recordar lo sucedido durante el COVID, cuando las grandes farmacéuticas no quisieron liberar las patentes de sus vacunas, pese a tratarse de una epidemia mundial.

Con la aparición de la web y la eclosión de Google, el "Gran indexador" de los contenidos creados por los seres humanos formando eso que llamamos Web, llegó a plantearse, aunque tímidamente, que el Gran Buscador fuera una herramienta de interés público. Nada se hizo, más bien todo lo contrario y hace unos años descubrimos que "en Internet, en la web, el producto es el usuario" y ahora, cuando contamos con varias generaciones que se sienten satisfechas de formar parte de una obra de ciencia ficción, donde nosotros somos la materia prima, ya es demasiado tarde. Todo nos resulta sumamente fácil. Es así, nos adaptamos, el ser humano es un animal de costumbres. Nuestro cerebro, a la fuerza, es plástico (para lo bueno y para lo no tan bueno) pero también sabemos que los humanos siendo capaces de crear cosas (herramientas, ciudades, fábricas, programas informáticos...) llega un momento que esas cosas terminan dándonos forma. Mientras la neurociencia, la filosofía junto a la psicología, pero no la política, avanzan lentamente por dos caminos parecidos pero no iguales: la construcción de una Inteligencia Artificial que iguala o excede la inteligencia humana y otra que intenta comprenderla, el capitalismo ha creado nuevamente una tercera vía... Un producto.

Un producto, una solución informática masiva, que utiliza toda esa inteligencia natural que hemos volcado durante un cuarto de siglo en Internet, para apropiarse de ella y, una vez procesada (siguiendo los principios capitalistas de Adam Smith y su Ventaja absoluta), entregársela a las masas y decir: "he aquí una Inteligencia Artificial". Un producto, una falacia narrativa, que aunque no sea ni inteligente ni artificial, sabemos que, como cualquier cosa que construye el hombre, terminará también dándonos forma pero condicionando precisamente nuestra inteligencia natural. Si la invención de Internet se compara, con razón, a la invención de la imprenta, una tecnología que ha cambiado la forma en la que nos comunicamos, etcétera... La falacia de la Inteligencia Artificial puede llevarnos a condicionar el mismo y escaso conocimiento que tenemos de la inteligencia natural.

La paradoja en la ilusión de la Inteligencia Artificial es que debemos ser claramente inteligentes para experimentar y trabajar con ella. Más allá del debate de si la Inteligencia Artificial eliminará puestos de trabajo, la imprenta acabó con los copistas en pos de los linotopistas, etcétera, pensamos que el riesgo es otro: que sean las multinacionales de Sillicon Valley, y no la ciencia, las que nos sigan ofreciendo "soluciones" que alumbran el camino de la Inteligencia Artificial y por ende, de una "nueva" inteligencia natural (que casual y peligrosamente termine coincidiendo con la primera). De continuar así es posible que nuestras creencias, algo más fuertes que los conocimientos, acerca de la inteligencia sean independientes de lo que realmente es la inteligencia natural.

La Inteligencia Artificial y la brecha digital

La web está repleta de recursos educativos/formativos de muy diferentes niveles y temáticas pero, paradójicamente, es necesario contar con unos conocimientos mínimos en informática para poder acceder a ellos y conseguir ponerlos en práctica. Por otra parte, la simplicidad de uso del smartphone, si bien es cierto que ayuda a romper la brecha digital, también lo es que al ser especialmente utilitarista (comunicarse y jugar) no favorece el desarrollo de actividades creativas. Aunque un ciudadano pueda mostrar cierta soltura al utilizar un smartphone (por ejemplo: comunicarse por Whats-App, tener cuenta en una red social y saber poner el móvil a cargar) es casi seguro que, por falta de conocimientos básicos, nunca sea capaz de salir de ahí, estando siempre a merced de terceras personas, cuando necesite ir un poco más allá en el mundo digital. Cuando esas terceras personas (familiares, amigos) se convierten en los nuevos programas asistentes dotados de "Inteligencia Artificial", podemos deducir que el ciudadano pasa a ser un mero usuario de una Inteligencia Artificial y no de la informática en toda su extensión.

Aunque pueda parecer lo mismo, mover un mouse entre un sistema de carpetas y archivos, no es lo mismo que utilizar un dedo en forma de puntero para abrir una foto o un programa, tarea que realizan, por ensayo y error, tanto los primates como las palomas. El peligro del utilitarismo es que acostumbra a ser opuesto a lo creativo. Igualar al usuario que se encuentra instalado permanentemente en la brecha digital con palomas y chimpancés no parece la mejor forma de motivar al ciudadano para que no solamente pierda el miedo a las tecnologías; también le aleja de esa capacidad innata del ser humano de ser creativo.

La brecha digital no afecta únicamente a "personas mayores". Los denominados *Nativos digitales* no están exentos del utilitarismo, instalados como están en la brecha de redes sociales y videojuegos. La mayoría de los jóvenes españoles continúa viendo la programación de ordenadores como algo misterioso y muy complejo. Nada más lejos de la realidad, en cuarenta horas se puede formar a un programador pero al no ser una asignatura que se imparta en las escuelas, los pequeños y más jóvenes aprenden a comportarse como usuarios que no paran de demandar programas cada vez más sencillos. Tan sencillos que hasta un primate puede utilizarlos. La gran paradoja es el desempleo enorme entre la población más joven mientras que las empresas tecnológicas no tienen personal cualificado suficiente y deben recurrir a extranjeros cualificados, los llamados *expat*, para cumplir con sus objetivos.

¿Tan importante es que seamos una sociedad creativa y no meros usuarios? Aunque este ensayo versa sobre el mito de la Inteligencia Artificial cabe destacar que la influencia de una tecnología como la digital no es exactamente igual en un país que en otro. No existe la globalización. Más bien sucede al contrario: el digitalismo, la llamada sociedad digital, necesita un número muy alto de meros consumidores y muy pocos productores o fabricantes. En un país como España, volcada en el turismo, el impacto del digitalismo, incluyendo la llegada de los programas de "Inteligencia Artificial" no hará más que alojarnos en la parte más alta de la brecha, confundiendo el hecho de ser uno de los países del mundo con más penetración del móvil y tachándola de sociedad digital. Y no, no es lo mismo ser consumidor que creador, productor o fabricante. El porcentaje de españoles con teléfono móvil es el 96%, por encima de Estados Unidos, Francia o China, pero nuestra tasa de desempleo es infinitamente más alta que la de estos países. Consumimos pero no producimos. Nada nuevo. Tampoco en la esfera digital.

Desentrañado el posible misterio de España: es un país de servicios cuyo Estado desea seguir siéndolo mientras presume de ser una sociedad digitalizada, podemos volver a la "Inteligencia Artificial".

¿Qué es realmente la Inteligencia Artificial? ¿Qué son los dichosos algoritmos? ¿Y las redes neuronales? ¿Y el aprendizaje profundo? ¿Chat GPT, Google Bard? ¿Oiga, esto contamina? ¿Siendo tan antigua por qué ahora está tan de moda? En las páginas y capítulos siguientes examinaremos todo esto a fondo. Y veremos la importancia que tiene la Web, y la ausencia de una visión política, en este presunto renacimiento de la IA. La web, esa herramienta que nació en Europa de la mano de un ingeniero inglés, Tim Berners-Lee, interesado como estaba en preservar su propia memoria (recordando las conexiones entre las distintas personas y ordenadores que conocía), y a la que llamó hermosamente: "Una visión más amplia de mi conciencia" y que 30 años después se ha convertido, paradójicamente, en el alimento que engullen estos nuevos programas tratados como Inteligencias Artificiales. Esta"máquina sagaz"que también es el capitalismo decidió que la mejor forma de"enseñar" a los programas de Inteligencia Artificial era absorbiendo todo el contenido de la web (miles de millones de contenidos) que son generados, cada día, por miles de millones de usuarios bajo el síndrome de un Diógenes digital.

Pero volvamos al principio.

El cerebro como máquina

A lo largo de la historia de la humanidad, los científicos han comparado la mente con cada uno de los principales inventos del hombre. Durante el Renacimiento, se pensaba que la mente era mecánica y recordaba al funcionamiento de un reloj. Descartes llegó a pensar que podía crear un ser animado, que emulase el pensamiento, compuesto únicamente de engranajes, poleas y tubos. En defensa de Descartes hay que recordar que en 1642 un joven llamado Blaise Pascal inventó una calculadora compuesta de engranajes. Podemos imaginarnos la cara de aquellas gentes que, sin saber apenas sumar y restar, se encontraban con una caja que misteriosamente sabía mucho más que ellos. En plena revolución industrial se imaginó al funcionamiento de un cerebro como una máquina de vapor. No es de extrañar que el siglo pasado se comparase al cerebro con una central telefónica y ya en pleno siglo XXI le ha tocado el turno al ordenador: donde se afirma que la relación entre el ordenador y la mente es la misma que entre el hardware y el software. El cerebro es como el hardware (la parte dura): un dispositivo físico. La mente es como el software (parte blanda): requiere de un dispositivo físico para operar pero en sí mismo no es material ya que no tiene masa.

Pero. ¿Es así?

¿Se puede separar la mente y el cerebro?

En una sociedad funcionalista, utilitarista, sí. El funcionalismo es el paradigma de las ciencias de la comunicación y en filosofía de la mente el funcionalismo tiene como tesis fundamental que los estados mentales son estados funcionales. El pensamiento, la razón son mera computación. La palabra computación nuevamente puede parecer de nuevo cuño, el *adanismo* es muy propio del mundo digital, pero ya Thomas Hobbes en el siglo XVII, el padre de El Gran Leviatán, uno de los fundadores de la filosofía política moderna, dijo explícitamente "que por razonamiento quiero decir computación". El compuntacionalismo concibe la mente como un sistema de procesamiento de información siguiendo un sistema de reglas. El tipo de operaciones que definen una computación es lo que cuenta, más que la naturaleza de su composición física. Para un funcionalista siempre que dos procesos lleven a cabo la misma *función* pueden considerarse idénticos. Funcionalismo es también equivalente a realización múltiple, porque la misma operación se puede realizar físicamente de

muchas formas. Por ejemplo: un programa de tratamiento de textos puede ejecutarse en diferentes tipos de
ordenador y *funcionará* igual. Bueno, dejando de lado
que cualquiera que haya utilizado un poco la informática sabe que dependiendo del fabricante del programa
es posible que no pueda ni siquiera abrir el mismo archivo. Por otra parte, ¿hacen la misma función una máquina de escribir y un ordenador sin impresora? ¿Un
trabajador de Amazon, monitorizado por cámaras de
seguridad, sin derecho a sindicarse "funciona" igual
que un robot de almacén de Amazon? ¿Son idénticos
pues realizan la misma función? Para un funcionalista
y utilitarista la respuesta seguramente es sí.

Llevamos medio siglo llamando a una serie de aparatos electrónicos computadoras y quizás pueda inducir
a error. El hombre lleva dos siglos creando máquinas
que procesan la información... siguiendo unas reglas y
seguirá creando máquinas que "computen" y que puedan acercarse o superar al razonamiento humano, nos
dicen. Parece ser que el momento ha llegado con las
actuales"Inteligencias Artificiales".¿No será esa la za-
nahoria mientras como asnos nos dejamos "computar"?
Los ordenadores y supercomputadores actuales, son el
penúltimo escalón hacia ese objetivo. Cada vez falta menos. Se habla constantemente de si las IA podrán superar, incluso dominar al hombre. Puro marketing-ficción.
Para mal y para bien, la tecnología actual no es muy
distinta cualitativamente de esas ruedas dentadas rudi-

mentarias del siglo XVII, que asombraban a las gentes analfabetas en Europa al poder realizar sumas y multiplicaciones. El que la tecnología actual nos deje con la boca abierta al ser capaz de simular que hay programas que entienden nuestras preguntas, por complejas que sean, es posible que tenga que ver con el analfabetismo, ahora digital, que reina en el Siglo XXI. Y además. ¿A cambio de qué? ¿Cuál es el precio que debe pagarse por emular al pensamiento humano?

Porque el funcionalista, recordemos, defenderá, además, que la cognición no está asociada a ningún tipo de máquina. Lo que la mente humana tiene de especial es el tipo de operaciones que lleva a cabo, más que esté apoyada en el cerebro, constituido por millones de neuronas. De un plumazo se ignoran muchos y "pequeños" detalles: desde el coste energético que tienen estas arquitecturas para simular inteligencia, hasta la calidad de lo que dicen o hacen, pasando por los miles de sesgos culturales y étnicos que arrastran al estar basadas exclusivamente en el conocimiento humano que puede encontrarse en la Web.

Brecha digital o caverna digital

Más que brecha digital, podríamos hablar de caverna digital. Recordemos a Platón que, hace 2.300 años, describió, en su alegoría de la caverna, un espacio cavernoso en el que se encuentran un grupo de hombres prisioneros desde su nacimiento, con cadenas que les sujetan el cuello y las piernas de forma que únicamente pueden mirar hacia la pantalla, perdón quiero decir pared, del fondo de la caverna sin poder nunca girar la cabeza. Justo detrás de ellos se encuentra un muro con un pasillo y seguidamente, y por orden de cercanía respecto de los hombres, una gran hoguera y la entrada de la cueva que da al exterior. Por el pasillo del muro, circulan personas portando todo tipo de objetos cuyas sombras, gracias a la iluminación de la hoguera, se proyectan en la pared que los prisioneros pueden ver. Las personas encadenadas consideran como *verdad* las sombras de los objetos. Debido a las circunstancias de su prisión se hallan condenadas a tomar únicamente por ciertas todas y cada una de las sombras proyectadas, ya que no pueden conocer nada de lo que ocurre a sus espaldas.

¿Qué es realmente la Inteligencia Artificial?
El hombre como sistema de símbolos físicos
La hipótesis de los sistemas de símbolos físicos

La historia de la Inteligencia Artificial dice que hubo dos hombres que contribuyeron a su nacimiento en los lejanos años 50: Allen Newell y Alexander Simon que mostraron que la inteligencia humana podía ser estudiada desde una perspectiva funcional y no fisiológica.

El sentido común nos puede decir que la inteligencia humana se puede estudiar desde cualquier perspectiva pero a la corporación RAND lo que le interesaba es la funcional. La corporación RAND (Research ANd Development), es una entidad estadounidense, sin ánimo de lucro pero financiada casi exclusivamente por el ejército norteamericano. Un laboratorio de ideas nacido en plena II Guerra Mundial y que en la actualidad cuenta con miles de trabajadores, siendo el 90% científicos. Allí estuvieron Newell y Simon durante veinte años. Newell, investigador en informática y psicología cognitiva, trabajó para "un grupo que estudiaba problemas de logística de las fuerzas aéreas". Su trabajo con Joseph Kruskal llevó a la creación de dos teorías: Un modelo de teoría de la organización y la formulación precisa de los conceptos básicos en teoría de la organización. Contribuyó también al desarrollo del lenguaje de procesamiento de información en un lejano 1956. Organización capitalista y militarista, evidentemente.

Algo más tarde y utilizando la simulación computacional, en 1976, Newell y Simons propusieron la hipótesis de los símbolos físicos (HSSF) que afirma que una acción inteligente debe estar basada en la manipulación sintáctica de los símbolos. Un sistema de símbolos físicos (que pueden ser latas, cajas, átomos, o neuronas) tiene los medios necesarios para realizar una acción inteligente. Esto es, la cognición, requiere de la manipulación de representaciones simbólicas y estas representaciones se refieren a cosas que están en este mundo. Cualquier actividad que realicemos, como leer, lavar los platos o poner en marcha un lavavajillas, lleva implícito un procesamiento cognitivo. Recordemos que la cognición es una facultad de los seres vivos y no exclusiva del ser humano.

A su vez los símbolos, a secas, son un medio de comunicación complejo que a menudo puede tener múltiples niveles de significado. Los "símbolos" son la base de todo entendimiento humano y sirven como vehículos de concepción, dando forma a todo el conocimiento humano. Kenneth Burke, un teórico de la literatura conocido por sus análisis basados en la naturaleza del conocimiento, en uno de sus ensayos, describió al Homo sapiens como un "animal que usa, hace y abusa de símbolos" para sugerir que una persona crea símbolos y los puede usar indebidamente. El poder político y social de los símbolos fue central en la erudición de Burke a lo largo de su carrera. Estamos hablando de los años 60 del siglo pasado, cuando todavía se debatía acerca del comportamiento humano. Para Burke, algunos de los problemas más importantes en el comportamiento humano provienen de símbolos que utilizan a seres humanos, en lugar de símbolos humanos.

Pero volvamos a los símbolos físicos. Un sistema de símbolos físicos consiste en un conjunto de entidades llamadas símbolos que, mediante relaciones, pueden ser combinados para formar estructuras mayores –como los átomos que se combinan formando moléculas– y que pueden ser transformados aplicando un conjunto de procedimientos. A su vez, estos procedimientos pueden crear nuevos símbolos, crear y modificar relaciones entre ellos, almacenar, comparar si dos son iguales o diferentes, etcétera. Estos símbolos son físicos en tanto que tienen un sustrato fisicoelectrónico (en el caso de los ordenadores actuales) o fisicobiológico (en el caso de los seres humanos). En el caso de los ordenadores, los símbolos se realizan mediante circuitos electrónicos digitales y en el caso de los seres humanos, mediante redes de neuronas. En definitiva, de acuerdo con dicha hipótesis (el sistema de símbolos físicos), la naturaleza del sustrato (circuitos electrónicos o redes neuronales) no tiene importancia, siempre que éste permita procesar símbolos. Pero no olvidemos que se trata de una hipótesis y, por tanto, su validez o refutación se deberá verificar de acuerdo con un método científico.

La hipótesis de Newell y Simon intenta esclarecer el tipo de operaciones que se necesitan para considerar que una acción es inteligente. Insistimos: una hipótesis, con lo que debe ser puesta a prueba. Su validez solo se puede demostrar o refutar por científicos que lleven a cabo experimentos.

Pues bien, la Inteligencia Artificial, es ni más ni menos que la ciencia que intenta verificar esta hipótesis. La Inteligencia Artificial es una ciencia, no es ningún súper programa, ni nada parecido. Decir que un programa,

Chat GPT-4, del que hablaremos más adelante,"utiliza o está basado en Inteligencia Artificial"es como decir que la economía de Estados Unidos está basada en la economía de libre mercado, lo que es cierto, mientras se ignora el sistema de aranceles que los Estados Unidos imponen a terceros países rompiendo, ni más ni menos, que la teoría misma del libre mercado. **La Inteligencia Artificial es el campo científico dedicado a verificar si un ordenador, un robot u otro tipo de máquina creada por el ser humano, es capaz o no de tener una conducta inteligente de tipo general**. Autonombrarse o proclamarse como un programa de Inteligencia Artificial es una falacia narrativa, propia del marketing que hace décadas que camina más rápido que la ciencia, con el beneplácito de las clases gobernantes que permiten, o legislan, para que los discursos publicitarios superen a los científicos.

Inteligencia de tipo general (humana) y de tipo específico (los programas)

Es importante recalcar, por tanto, que esta "Inteligencia Artificial" debe tratarse de una inteligencia de tipo general, y no una específica, ya que la inteligencia de los seres humanos es considerada de tipo general.

¿Inteligencia de tipo general? El término fue acuñado por el psicólogo Charles Spearman, en 1920, que propuso la existencia de un factor general de inteligencia, factor G, utilizando para ello la estadística además de la psicología. Sugirió que todo rendimiento mental puede exponerse de forma clara y exacta. Intentó acotar los caracteres genéricos y diferenciales de algo tan inmaterial como la inteligencia en términos de un único factor de capacidad general. Lo interesante del caso, para los investigadores en Inteligencia Artificial, fue que Sperman diferenció entre esa inteligencia de tipo general y otros muchos factores de capacidad o inteligencia específicos.

De esta forma, exhibir inteligencia específica es algo muy diferente de una inteligencia general. Por ejemplo, los programas informáticos que traducen del español al inglés, son incapaces de jugar al parchís, al ajedrez o escribir un poema. Se necesita un programa diferente para que el mismo ordenador juegue a las damas; es decir, este no puede aprovechar la "inteligencia" de un traductor para adaptarse y jugar también a las damas o al parchís.

La Inteligencia Artificial que únicamente muestra comportamiento inteligente en un ámbito muy específico está relacionada con lo que se conoce en español como "IA débil", en contraposición con la "IA fuerte" a la que, de hecho, se referían Newell y Simon y otros padres fundadores de la IA.

Llega El 7º de filosofía

Quien introdujo esta gran distinción entre IA débil y fuerte fue el filósofo John Searle, en un artículo crítico con la Inteligencia Artificial publicado en 1980. La IA fuerte implicaría que un ordenador, convenientemente programado, no simula una mente sino que «es una mente» y, en consecuencia, tendría que ser capaz de pensar igual que un ser humano. Searle intentó demostrar que la IA fuerte es imposible.

Desde un punto de vista funcional, podemos pensar que disponer de ordenadores que cuentan con programas que puedan traducir, y otros programas que puedan jugar específicamente al ajedrez, otro a las damas y otro crear poemas, etcétera, es equivalente a disponer de una Inteligencia General. Nada más lejos de la realidad; dichos programas, por ser especialmente específicos, no sabrían comunicarse y mucho menos relacionarse entre ellos, eliminando la posibilidad de crear nuevos símbolos, que son, precisamente, uno de los motores de los procesos cognitivos de la inteligencia natural.

Nos vamos acercando al meollo de la cuestión. En Inglés hasta hace poco se utilizaba Inteligencia General Artificial (AGI) y no "Inteligencia Artificial fuerte" que poco a poco es un término que comienza a acuñarse para aquellas máquinas que puedan llegar a tener conciencia. Algo que actualmente es ciencia ficción pura y dura.

En este punto, conviene aclarar que no es lo mismo IA general que IA fuerte. Existe, obviamente, una conexión pero solo en un sentido; es decir, que toda IA fuerte será necesariamente general pero puede haber IA generales que no sean fuertes, esto es, atención: **que simulen la capacidad de exhibir inteligencia general de la mente pero sin ser mentes** (como es el caso de Chat GPT-4 y de cada uno de los programas que han aparecido en 2023). La publicidad te dirá que este programa, Chat GPT-4, puede jugar a ajedrez y a las damas sin problema pero ocurre que no es cierto, se trata de un programa que **simula** saber jugar a las damas y ajedrez. Representar algo, fingiendo o imitando lo que no es, se aleja de forma sobresaliente de lo que es la tecnología y no digamos la ciencia. Está peligrosamente cerca del neolenguaje orwelliano.

La IA débil, por otro lado, consistiría, según Searle, en construir programas que realicen tareas específicas. La capacidad de los ordenadores para realizar tareas específicas incluso mejor que las personas ya se ha demostrado sobradamente en ciertos dominios, como buscar soluciones a fórmulas lógicas con muchas variables, aspectos relacionados con la toma de decisiones y un sinfín de aplicaciones informáticas que nos ahorran mucho tiempo, que podemos invertir en trabajar más todavía. También se asocia con la IA débil el hecho de formular y probar hipótesis sobre aspectos relacionados con la mente (por ejemplo, la capacidad de razonar deductivamente, de aprender inductivamente, etcétera.) mediante la construcción de programas informáticos que llevan a cabo estas funciones, aunque sea mediante procesos completamente diferentes de los que lleva a cabo el cerebro.

Vamos a dejarlo claro: absolutamente todos los avances conseguidos hasta ahora en el campo de la IA son manifestaciones de la IA débil y específica, esto es: meros programas informáticos que desconocen completamente lo que están diciendo o haciendo pero que tienen especial interés en simular inteligencia.

Esos símbolos de los que usted me habla. La semántica

En griego, *sema* significa tanto tumba como señal o signo. Platón en el Crátilo ofrece un juego de palabras: el cuerpo (*soma*) es *sema* porque a través de él se expresa (*semainei*) el alma. El cuerpo del hombre no es el hombre, sino su signo. Es bonito, algo enrevesado pero arroja algunas pistas.

La semántica, que se estudia ya en secundaria, es el estudio del significado en el lenguaje. El estudio de la referencia, el significado o la verdad. Sí, también la verdad y no para considerar, simplemente, que la verdad es lo opuesto a la falsedad. El concepto de verdad es discutido y debatido en varios contextos, incluyendo la filosofía, el arte, el derecho y también la ciencia. **Y este ensayo gira en torno al peligro que puede suponer que determinados y grandísimos avances tecnológicos, una vez convertidos en productos, consigan hacer discutible el concepto de verdad.** Y no, no estamos hablando de las *fakenews*. Se trata de algo mucho más importante. La mayoría de las actividades humanas dependen de este

¿podemos decir símbolo? donde se asume su naturaleza para tratar con, ni más ni menos, que los hechos o la realidad. La realidad no puede ser mera semántica ¿o sí?

Desde muy temprana edad comenzamos a adquirir el significado de las palabras y conceptos a través de diferentes métodos, como las experiencias directas y aprendemos el significado de las palabras al relacionarlas con objetos, personas, acciones y mil situaciones que experimentamos en nuestra vida cotidiana. Dicho así puede parecer algo trivial (lo hacemos desde niños), pero, por lo que respecta a la Inteligencia Artificial ahí radica, actualmente, casi todo su gran problema. El problema duro de la IA. Y claro, en realidad no es algo tan trivial. La Inteligencia Artificial (sea del tipo que sea, general, específica, etcétera) no entiende la semántica. Si añadimos que el término, semántica, se puede utilizar para referirse a subcampos de varias y gigantescas disciplinas como la filosofía, la psicología, la lingüística y también la informática, podemos llegar a la conclusión de que "inteligencia y artificial" son dos términos contradictorios y opuestos.

Vamos a centrarnos en el *sema*, el signo, la marca, el símbolo. ¿Entienden las máquinas los símbolos? Dicho así (de mal) la respuesta puede ser: !Claro qué sí! Si hasta reconoce mi cara y no digamos la matrícula del coche, etcétera. Ya, claro, pero también sabemos que ese tipo de inteligencia es específica. El programa que sabe reconocer matrículas no sabe reconocer caras, etcétera. ¿Qué tal si llamamos a estos programas, en vez de específicos, funcionales? La propuesta no es baladí e intenta desentrañar ¿una trampa? que hemos venido experimentando cada vez más y, muy especialmente, con la llegada del digitalismo. Básicamente se trata de esto: ¿Nos importa que estos programas sean inteligentes? ¿Nos importa realmente que, por ejemplo, Google Maps no entienda de calles, ni de tráfico? En el fondo, no nos importa en absoluto (excepto cuando "falla" o quizás ni así). Lo que realmente nos interesa es la función que hacen estos programas. Nosotros somos los inteligentes, o así lo creemos y sabemos utilizar un programa u otro en función de lo que necesitamos. ¿No es cierto? ¿Para qué quiere uno saber si un programa es inteligente o no? Busco una pizzeria cerca de casa, hago el pedido y me la traen. No me importa si es una IA ni cómo lo hacen para entregarme lo que yo quiero. ¿Me importan las condiciones laborales de la persona que me ha traído lo que he pedido? Mejor no respondamos. Utilitarismo, puro y duro.

Abstraerse o quedarse absorto

Centrar toda nuestra atención en una actividad o pensamiento, aislándonos de todo lo que nos rodea (absorto) es distinto de no prestar atención a algo exterior para dirigir toda nuestra atención a nuestro propio pensamiento (abstracción). Los antropólogos, arqueólogos y sociólogos consideran que pensar en abstracciones es uno de los rasgos clave del comportamiento humano moderno , que se cree que se desarrolló hace entre 50.000 y 100.000 años. Es probable que su desarrollo haya estado estrechamente relacionado con el desarrollo del lenguaje humano, que (ya sea hablado o escrito) parece implicar y facilitar el pensamiento abstracto. Por el contrario, el mundo digital, lleno de colores y formas rectilíneas, que responden al instante a cualquier gesto por irreflexivo que sea, nos absorben hasta el punto de dotar de mayor interés al mundo digital que al real. Sabemos que el ser humano dispone de una capacidad mental para abstraerse. Aquello que hace que una mesa sea una mesa no es que sea cuadrada, redonda, rectangular, de madera, de mármol, verde, amarilla o roja, sino que abstraemos de estos objetos su color, su forma, el material del cual están hechas y nos quedamos con la idea, símbolo o concepto de mesa. Lo que quizás no teníamos tan claro es que un sistema de símbolos digitales, ventanas, colores, etcétera podían llegar a mermar nuestra capacidad de abstracción para centrarnos en nosotros mismos.

Lo cierto es que en nuestro siglo existe una marca, un símbolo, que ha ido cobrando cada vez más fuerza: el móvil, el Smartphone, el "teléfono inteligente", que no tiene nada de inteligente pero está cargado de funcionalidades tan específicas, tan variadas y tan sencillas de utilizar que han cambiado, nos dicen, nuestra forma de comunicarnos, de trabajar, etcétera. De aprender, no tanto. El caso es que nos llevan a pensar que es más que un símbolo, es casi un tótem. Todo en tu mano. Pagando, claro. El móvil no es inteligente pero lo tratamos como tal. Casi al mismo tiempo que la aparición del "teléfono inteligente" "aparecieron" las bombas inteligentes (sic). Un simple cambio de nombre pero muy efectivo. De llamarlas bombas guiadas por láser o incluso por GPS pasamos a hablar, después de la II Guerra del Golfo, de "bombas inteligentes" (Smart Bomb en inglés).

El marketing es una bomba contra la semántica.

En inglés, la palabra "intelligent" generalmente se refiere a inteligencia innata mientras "smart" puede referirse al conocimiento desarrollado por experiencia. Ni las bombas, ni los teléfonos móviles, son inteligentes y se han guardado, durante un tiempo, de utilizar las palabras inteligencia o inteligente. Abierta la veda, el capitalismo en busca de más y más mercados: el *mercado* le ha dado otra vuelta de tuerca precisamente a la semántica y se habla abiertamente de "Inteligencia Artificial". No hemos dotado de *capacidades semánticas* a la Inteligencia Artificial, hemos retorcido nuestra propia semántica. En manos del marketing, nos tememos, que a partir de ahora TODO comience a ser una Inteligencia Artificial. Desvirtuar la propia idea de Inteligencia Artificial nos lleva de cabeza a desvirtuar a la inteligencia natural.

Porque ahora debemos lanzar otra pregunta ¿Y los

humanos? ¿entendemos los símbolos o, cada vez más, simplemente más que entender "funcionamos"? Por ejemplo, ¿Entendemos los semáforos o simplemente obedecemos? ¡Ah!, el semáforo, esa máquina con más de un siglo de antigüedad que, aunque no sepamos cómo funciona, y veamos que nos obliga a parar aunque no pase absolutamente nadie, porque no es inteligente, forma parte del paisaje mundial. Miles de millones de personas ponen sus vidas en manos de una máquina programada y todavía hay quienes temen que las máquinas nos terminen dominando. Los semáforos funcionan, punto, igual que funciona decir que eres de izquierdas o de derechas. Funciona. El día que nos digan que un semáforo es "inteligente" (nos puede "ver" y darnos paso o incluso multar) ¿cambiará algo? Un coche "inteligente" sin conductor se detiene frente a un semáforo inteligente que le deja pasar al comprobar desde su cámara que no viene nadie. Cuando eso ocurra la **Inteligencia Artificial, específica o funcional,** habrá inventado el tren y el tranvía. Genial.

Un ejemplo de Inteligencia Artificial funcional o específica. El trampantojo del Chat Bot

No pretendía hacer un chiste fácil. Personalmente se me escapa la utilidad de la invención del coche autónomo: un vehículo capaz de realizar todas las funciones de conducción entre un origen y un destino sin necesidad de que un humano intervenga, algo así es conductismo puro (otro chiste fácil). Un coche autónomo no es un tranvía pero diez coches autónomos en fila hacia el centro de la ciudad o saliendo en caravana el fin de semana, por la misma autovía, sí lo son. Quizás el coche autónomo quede en una moda pasajera, lo que sí ha llegado para quedarse es otro ejemplo de una Inteligencia Artificial funcional, específica. El Chat Bot con Inteligencia Artificial. Los bots de charla o bots conversacionales (en inglés chatbot), son programas informáticos que surgen ya en los años 60 y que simulan mantener una conversación con una persona al proveer respuestas automáticas. Respuestas que han sido previamente establecidas por un conjunto de expertos humanos que han atendido a las preguntas realizadas por los usuarios que también son humanos. Humanos escribiendo programas que simulan conversaciones inteligentes con otros humanos. ¿Qué puede salir mal?

Así, puedes programar un chatbot para que conteste el "Vuelva usted mañana" de Mariano José de Larra y ahorrarte que sea un ser humano el encargado de decirlo. Como ser humano no te servirá absolutamente de nada, pero a las organizaciones y administraciones sí. El trabajo desasistido y automatizado, instalado ya en cualquier red social, permite un abaratamiento de costes brutal. Con el riesgo para los ciudadanos de dejar a las pesadillas de Kafka en un juego de niños cuando tenemos que comunicarnos con un chatbot. Hagamos un poco de spoiler: Chat GPT, Google Bard son chatbot, bots de charla.

En la arquitectura y en la pintura existe una técnica llamada trampantojo. Una "trampa ante el ojo", una ilusión óptica o especie de juego visual que ha sido utilizada desde hace miles de años para hacernos creer que lo que estamos presenciando es algo totalmente distinto de lo que es en realidad. La ventana ciega de la Fontana de Trevi en Roma es un claro y bello ejemplo de trampantojo. Es relativamente sencillo engañar al ojo humano, no así al olfato, de tal forma que si "vemos" que un programa nos pregunta y contesta como un ser humano tendemos a pensar que detrás de ese programa hay alguien como nosotros.

Con el tiempo el chatbot comenzó a poder interactuar con otros aparatos digitales (Siri de Apple, Alexa de Amazon, Cortana de Microsoft, Google Now de Google) convirtiéndose de esta forma en asistentes inteligentes (sic). Estos aparatos, que tienen funciones muy similares, son capaces de controlar cualquier espacio digital: activar alarmas, subir/bajar persianas, poner música, enviar mensajes, realizar llamadas, etcétera. También pueden espiarnos, escuchando nuestras conversaciones. En el año 2019 el responsable de Producto de Google, David Monsees, reconoció que utilizan equipos de lingüistas que rastrean y escuchan aleatoriamente conversaciones, sin pedir permiso al ciudadano, con el objetivo de *mejorar el sistema cognitivo* y que los dispositivos puedan entender mejor lo que les decimos.

Ya tenemos uno de los primeros usos masivos de la mal llamada Inteligencia Artificial, concretamente la técnica bautizada con el nombre de aprendizaje automático y que utilizan los asistentes virtuales "inteligentes". En este caso concreto el aprendizaje automático, o machine learning en inglés, se utiliza para crear una comprensión lingüística natural que tiene como objetivo, además de reconocer la voz, ir aprendiendo con los miles de distintos tipos de voces donde pueda encontrar patrones lingüísticos. Un patrón lingüístico no es más que un símbolo lingüístico empleado con frecuencia en el lenguaje y con un componente semántico concreto. ¿Entonces? ¿No habíamos dicho que ni los ordenadores, ni la IA, entienden de semántica? Y es correcto. Los patrones que encuentran estos programas los convierten en números, para entendernos, en mera estadística.

Parece lógico que estos "patrones" sólo pueden ser enseñados previamente por los comportamientos humanos, pero no está tan claro que pueda hacerse sin permiso del ciudadano y no, por ejemplo, creando una base de datos de distintos tipos de hablas y acentos que fuera de carácter y acceso público. No disponemos de una base de datos, así, pública y universal, que dicho sea de paso podría ser una joya histórica. Por el contrario, las grandes multinacionales sí disponen de esas bases de datos con las que "entrenan" a "nuestros" asistentes. Y lo que es más importante, esta técnica de espionaje automático debe hacerse constantemente pues el habla está en constante evolución.

Al galope, que vienen los indios. La web semántica.

Las películas de indios y vaqueros en las que nos formamos los *boomer*, y las de súper héroes en las que se han formado los *milenials,* nos descubrieron, a poco que escarbáramos un poco, que ni los buenos eran tan buenos ni los malos tan malos. Los patrones, nunca mejor dicho, no han cambiado, hay buenos, hay malos. Bien, pues en el mundo digital sucede algo parecido. Los buenos: unos jóvenes cargados de ideas para hacer un mundo mejor que deseaban ampliar sus conciencias interconectándolas con otras, dieron paso a otros jóvenes que año tras año fueron desmontando el estado de bienestar de la Gran Malla Mundial, la World Wide Web, la Web, para convertirla en una gigantesca tienda donde, mientras te espían, todo se puede comprar y vender.

Hablaremos más adelante de cómo algunos "jóvenes" que todavía no habían nacido cuando en la web estaba prohibido incluso hasta vender, se han apropiado de todo el contenido de la Red para "entrenar" a una IA y saltarse todos los derechos en menos que se envía un Whatsapp. Ahora vamos a hablar brevemente de un sueño, para nada irrealizable, pero que está cayendo en el olvido (como le sucede a la mayoría de los inventos que son gratuitos y universales): La web semántica.

Ontología

Para entender qué es la web semántica debemos recordar, o entender, de forma somera qué es la ontología; que no es otra cosa que una rama de la filosofía que estudia el ser en general y a sus propiedades. Así, por ejemplo, podemos definir a la expresión "una verdad ontológica" como la idea según la cual las cosas pueden ser llamadas verdaderas o falsas por alguna razón específica y distintiva. Resulta algo complicado si estamos duchos en filosofía pero resulta que el mundo de la informática y el de la web adoptaron a la ontología como un ideal y patrón a seguir, formulando un exhaustivo y riguroso mapa conceptual dentro de uno o varios dominios dados, con la finalidad de facilitar la comunicación e intercambio de información entre distintos sistemas. ¿Parece ciencia ficción? Pues no lo es, aunque con el tiempo este invento del pasado parecerá algo futurista y utópico. Veamos. Nuestros programas informáticos, sean inteligentes o no, no se pueden comunicar entre ellos. Pues bien, técnicamente, todo el universo web podría comunicarse. Comunicarse, (no confundir con enlazarse que es precisamente la mayor fuente de engaños en la web).

Una máquina aplica reglas filosóficas ¡la ontología! que muchos humanos no entienden ¿Qué puede salir mal? En principio nada. Es más, resulta una buena idea que las páginas web no se relacionen simplemente por enlaces: la herramienta más utilizada para hacer spam, abrir páginas publicitarias o repletas de virus. Por el contrario sería ideal el que cada página y programa web pueda disponer de un lenguaje ontológico, OWL (OWL es el acrónimo del inglés Web Ontology Language), un sistema de marcas, de símbolos que permitiese publicar y compartir datos creando y usando ontologías en la WWW. ¿Algo así existe? La respuesta es sí y además desde hace más de veinte años. Podríamos dotar de ontología a nuestras páginas web y resulta que es un sistema que, desgraciadamente, no se utiliza casi nunca. El motivo es sencillo: es más laborioso. Es mucho más sencillo elaborar una página web que se autodenomine como medicamento que tener que definir con pelos y señales los símbolos por los cuales te autodenominas "página web de salud" o "medicamento". Google, claro está, es posible que no estuviera donde está ahora: En casa de todos y ganando más de 100 millones de dólares al día. Unos millones derivados principalmente de su enfoque en publicidad digital que no se basa en un lenguaje ontológico sino en todo lo contrario: simples etiquetas. Que una camiseta muestre el logotipo y etiqueta de Nike no significa que haya sido fabricada por esa empresa. Algo parecido le sucede a las páginas y programas web, nada garantiza que sean lo que dicen ser.

Por si fuera poco, la ontología no es una idea loca o una moda, los ontólogos suelen tratar de determinar cuáles son las categorías o géneros más altos y cómo estos forman un sistema de categorías que nos permiten disponer de un sistema de clasificación que abarca todo nuestro mundo y conocimiento. Las categorías comúnmente propuestas incluyen sustancias, propiedades, relaciones, estados de cosas y eventos. Todas estas categorías no le interesan a un mercado capitalista, ni tampoco a Google: si las páginas web tuvieran una suerte de conciencia, la página se ofrecería a ti en función de la taxonomía, una ordenación jerarquizada y sistemática, que has buscado. Una página web no podría venderse como algo que no es. Al contrario de lo que sucede ahora.

Vamos a recapitular. Mientras la ciencia intenta crear una Inteligencia Artificial que, entre otras cosas, ayudaría a conocer mejor nuestra mente, el capitalismo de Sillicon Valley (California, Estados Unidos) se afanó, después de desmontar la utopía de una web que pudiera ser una suerte de consciencia del ser humano (obviando a la web semántica), abrazar el *puritanismo digital*. Un digitalismo que, cómo veremos más adelante, ha sido capaz de descargar todo el contenido de internet para presentar a bombo y platillo: La Inteligencia Artificial.

Se trata de programas que desconocen lo que dicen pero que nos van a contestar de forma convincente y no forzosamente bien. Al mismo tiempo que el estándar para crear una Web ontológica va cayendo en el olvido, la fantasía de la Inteligencia Artificial va tomando forma y hasta la Unión Europa se afana en "legislar" ya sobre ella. A la par en Estados Unidos han tardado 25 años en llevar a juicio a Google por prácticas monopolistas.

¿Cómo se descarga toda la Web? 25 aniversario del nacimiento de Google

En el momento de escribir este libro también se cumplen 25 años del nacimiento de lo que la mayoría de los usuarios conocen como "Google", aunque actualmente no es más que una filial de Alphabet Inc. que incluye una pléyade de empresas, algunas adquiridas a golpe de talonario, como Bloger, Youtube y DeepMind que aparecerá más adelante. Seguramente no es casualidad que una vez que Google alcanzó su madurez, haya sido precisamente el momento en el que aparecen, nuevamente, las mal llamadas Inteligencias Artificiales. Unos programas que deben su renacimiento a Google por dos motivos, uno de ellos técnico y otro, podríamos decir, político/cultural.

El primero de ellos es un invento de 2017 que técnicamente ha sido la clave que ha permitido que hoy en día tengamos programas como GPT y, con ello, chatbots como ChatGPT de Open AI o Bard de Google y también programas que permiten convertir una petición escrita a imagen como DALLE o Stable Diffusion. Aunque hablaremos en profundidad más adelante podemos desvelar ya el nombre y dar una pista: El invento se llama Transformadores, *Transformers* en inglés, y la pista es que el nombre no tiene nada que ver con el invento en cuestión. Se trata del típico nombre basado en el marketing. Los inventores lo llamaron pomposamente así porque iba a *transformar* al paradigma de la Inteligencia Artificial. En realidad la tecnología llamada transformer se basa en mejorar la forma en la que un programa *imita* la atención cognitiva de un ser humano. Si la atención es la concentración de la conciencia en algún fenómeno excluyendo otros estímulos, en el mundo digital pensaron que los miles de millones de datos que existen en la web podían ejercer el papel de "Conciencia" y solamente quedaba encontrar una técnica para que el programa sea capaz de *prestar atención*. "La atención es lo único que necesitas", así se llamó el documento original que ha dado pie a estos *transformadores*.

¿Dónde está la conciencia en el mundo digital?

Cuando Tim Berners inventó la WWW, pensó en crear una conciencia mundial, ampliar tu conciencia interconectándola con otras. La Web no está en un sitio concreto, al igual que en el ser humano la consciencia no parece estar en un lugar físico concreto de nuestro cerebro, más bien, son todas esas interrelaciones que pueden darse dentro de él.

Y aquí llega el segundo motivo por el cual Google es el

principal causante de la (re)aparición de la Inteligencia Artificial. Es más, si cabe, se trata de un motivo más importante que el primero y no es otro que toda esa ingente cantidad de información que ha sido capaz de estructurarse en torno al buscador, a Google. "Guglear", "lo encontré en Google" forman parte de la cultura del primer cuarto del siglo XXI. Aunque la intrahistoria de la eclosión de Google es bastante más vulgar que la cuasi leyenda que habla de dos jóvenes que crearon un buscador de páginas web desde un garaje. Google se hizo verbo para toda una generación. Es, para mal y para bien, la conciencia y el orden simbólico de la cultura digital. Un programa que es de facto una creación cognitiva que mantiene las reglas y el orden dentro del digitalismo.

Al igual que toda la historia de la física de partículas, el digitalismo es una historia de fantasmas. La física de partículas es una historia de cosas que no se podían ver, que no se podían medir, pero que se sabía que estaban ahí. De hecho, en 1925, cuando Werner Heisenberg defendió la necesidad de hacer una nueva física, usó eso como argumento principal: que había cosas (como la posición de un electrón en un átomo) que eran sencillamente inobservables. En el mundo digital sucedió y sucede algo parecido: es una historia de cosas que se pueden ver pero que realmente son volátiles. Cuando desaparece la corriente eléctrica toda esa información se volatiliza. Se tardan segundos en hacer desaparecer la información de un soporte de almacenamiento de 1 TeraByte (algo así como almacenar un millón de películas en su interior). Ocurre, sin embargo que mientras tenemos corriente eléctrica, piedra angular del siglo XX, una mayoría de los casi 50 petabytes (un petabyte son 1.000 terabytes) de datos disponibles en internet han sido creados por humanos, a base de teclear, presionar un botón, tomar una imagen digital o escanear un código de barras, no digamos escribir en blogs, foros, wikipedias y redes sociales. Y aunque somos cuerpos físicos, al igual que el medio que nos rodea y no podemos comer bits, ni quemarlos para resguardarnos del frío, ni meterlos en tanques de gas, la información que generamos y las ideas son fundamentales. ¿Quién y cómo ordena todo ese conocimiento, toda esa información?

El caso es que cuenta la leyenda que dos jóvenes comenzaron a construir algo nuevo, un programa que pudiera indexar las páginas webs del mundo entero. De repente, todo aquello que era inobservable en el mundo digital de la Web, excepto que se conociese la dirección exacta de dónde se encontraba, pasó a formar parte de un índice. La Santa Inquisición creó un índice de libros prohibidos durante siglos y Google creó un índice de todas las páginas web habidas y por haber. Un índice que se crea automáticamente mediante programas informáticos que recorren internet, visitan la página web y la añaden al buscador. Comenzaron a acuñarse dos palabros: Bot Araña (programa informático que automáticamente rastrea esas páginas web) y algoritmo. Comenzó, al mismo tiempo, a esconderse otra palabra: desasistido. El programa funciona solo, para mal y para bien. No puede haber quejas con el algoritmo o con el Bot que araña las páginas web, son programas que funcionan solos.

"El Algoritmo". *El algoritmo de tal programa, el algoritmo de cual...* La palabra algoritmo está en todas partes (superando a transversal e equidistante). Parece ser que proviene del matemático arábe Al-gorit y comenzó a usarse en el mundo de la computación gracias a la cantidad de matemáticos que andaban metidos en esa ciencia. El que actualmente se encuentre asociado a algo misterioso, que prácticamente es incontrolable, es debido a los efectos del marketing. Era mucho, muchísimo más rentable poner a trabajar un programa informático que crease los índices automáticamente para el buscador que andar escribiendo manualmente los índices, uno a uno, como en su momento intentó hacer la empresa Yahoo!. Si esta indexación automática metía en el mismo saco la palabra, y sus páginas, "tetina" junto a "teta" y los millones de páginas pornográficas relacionadas con ella, era un tema menor, muy menor para Google.

Google podía dedicarse a rastrear toda la Web, crear los índices de miles de millones de páginas y esperar a monetizar todo ese trabajo. El que una compañía haya sido capaz de ofrecer servicios gratuitos durante años soportando unos costes altísimos también tiene relación con la Inteligencia Artificial actual que sigue el patrón económico e inversor norteamericano. No todas las empresas llegan a ser rentables, caso de Twitter (incluso Youtube tardó años en ser rentable). Está por ver el número de empresas que son capaces de ofrecer servicios de Inteligencia Artificial a medio y corto plazo. De la misma forma que está por ver si Twitter, ahora X, terminará por desaparecer o no.

En los años 2000 Google era una empresa prometedora y que tardó en salir en bolsa casi 4 años. En su momento se consideró una maniobra arriesgada. Hasta que un buen día llegó el auténtico artífice de lo que hoy en día conocemos por "Google", el señor Eric Smith, contratado como director general de Google, que cogió los mandos de la joven empresa y se dedicó a convertirla en una fábrica de ganar dinero creando una cosa *nueva*. Algo que hasta ese momento *no existía*.

El todopoderoso y polémico algoritmo

Como ha sido el caso desde hace dos décadas, los resultados presentados en Google no son una lista al azar: "el algoritmo del buscador" es el encargado de filtrarlos. Cuando un ciudadano realiza una consulta en un programa de búsqueda como Google, pocas veces revisa más allá de la primera página o lista de resultados que se presentan. Spoiler, si lo hace comprobará que la mayoría de las veces no existen millones de páginas que hablen de un tema determinado. El pie de página de Google indicando el número de páginas indexadas es una falacia digna de estudio. En cualquier caso, la forma secuencial en la que se presentan los resultados presenta una enorme diferencia en cuanto a qué sitios y qué tipo de información son los que llegan a las personas y los que nunca llegarán. Cómo se maneja el algoritmo del buscador, con qué fines y los efectos que tiene, es una crítica de los analistas en tecnología que se ha acentuado en los últimos años.

"La gran promesa de Google era 'organizar la información mundial', pero durante el último cuarto de siglo, una enorme cantidad de información mundial ha sido organizada para Google: para posicionarse en los resultados de Google", expone en un artículo Nilay Patel, editora en jefe del sitio tecnológico The Verge. *"Vivimos en un ecosistema de información cuyo diseño está dominado por las necesidades de la máquina de búsqueda de Google: un robot cuya mirada benéfica puede crear industrias enteras con la misma facilidad con la que su fría indiferencia puede destruirlas"*.

Basta decir que los enlaces de Wikipedia aparecen en el 67-84% de los resultados de búsqueda comunes y de tendencias. En una investigación llevada a cabo por la Northwestern University (EEUU) descubrieron que los resultados se extienden en gran medida a otros motores de búsqueda. Wikipedia apareció en el 81-84% de los resultados de búsqueda para consultas comunes, en el 67-72% para consultas de tendencias y en el 16-54% para consultas médicas.

Eso no quiere decir que Google no haga bien su trabajo. Hay innumerables necesidades de información que este programa de búsqueda solventa de forma útil para responder a nuestras preguntas. Algo así es innegable, de la misma forma que no se puede negar que un porcentaje abrumador en los primeros resultados de cualquier consulta en Google, simplemente son un artículo de la Wikipedia (cuyos contenidos están creados por voluntarios). El acuerdo entre Google y Wikipedia, dotó de contenido siempre interesante, o al menos de contenido, cualquier búsqueda. No obstante, todo desaparece de un plumazo cuando alguien paga a Google para aparecer en los primeros resultados. De repente, el artículo de Wikipedia ya no aparece destacado.

Google y Wikipedia

La relación entre Google y Wikipedia ya se inicia con el nacimiento de la Wikipedia en el 2001, en términos de colaboración comunes, puesto que Google favoreció el posicionamiento en las búsquedas (pagerank) de la enciclopedia libre. Dicha colaboración también favorecía a Wikipedia a la que estaban copiando simplemente todo el contenido para mostrar clones de wikipedia en las que aparecían anuncios, siendo *ad farms,* granjas de anuncios y de spam, la mayoría de ellos. En 2007, Google presentó Knol, un competidor directo para la creación de enciclopedias impulsadas por una comunidad. El apetito de Google siempre ha sido insaciable. Aunque muchos lo vieron como plagio a Wikipedia lo cierto es que se cerró cinco años después. Más tarde, Google apoyó a la Fundación Wikimedia a través de subvenciones, y pasó a depender de Wikipedia para abordar la difusión de información errónea en YouTube, brindando información verificable y con buenas fuentes a quienes la buscaban. Finalmente, Google y Wikimedia se asociaron en 2021.

La dependencia de Google. Las interdependencias entre Wikipedia y Google son una realidad. Para muchas categorías de consulta, los enlaces de Wikipedia aparecen más que cualquier otro sitio web en las páginas de resultados del motor de búsqueda de Google. Esto sugiere que Wikipedia, un recurso creado por voluntarios, juega un papel esencial para ayudar a Google a lograr su función principal de mostrar información relevante.

En el momento de escribir este libro, Google se enfrenta a su primer gran juicio en Estados Unidos. El Departamento de Justicia acusa a la compañía de realizar prácticas monopolistas ilegales mediante acuerdos de distribución con fabricantes de teléfonos y firmas de telecomunicaciones para que éstas usen sus servicios y no los de otros. ¿Acabará el Departamento de Justicia con Google? Seguramente no pasará de una multa y algunas recomendaciones o quizás ni eso. El Gran Leviatán digital es demasiado poderoso.

El Gran Leviatán digital

En el Gran Leviatán, publicado en 1651, Thomas Hobbes sostiene que los hombres renuncian a su libertad política y se subordinan completamente al poder del Estado de forma voluntaria. La pérdida de libertad es el alto precio que deben pagar para garantizar su seguridad física y vital. El título del Leviatán designa, según Hobbes en su dogmática obra, el único poder soberano, el imperio político del Estado: donde afirma que éste no debe dejarse perturbar por el poder de la palabra de los predicadores sediciosos. No sugiero que Google sea el *Gran Leviatán* pero sí me parece evidente que los hombres renuncian a su libertad para subordinarse a quién les ofrezca seguridad. Google al igual que Microsoft ejerce ese poder en el mundo digital. Un mundo que se confunde cada vez más con el real. Hobbes en el Leviatán, analizó las repúblicas soberanas de toda época e intentó demostrar, por deducción, la prioridad del gobierno de uno solo: llámese monarquía, dictadura o tiranía. El campo de las llamadas inteligencias artificiales es también una batalla comercial en la que los ciudadanos elegirán seguramente a la empresa que más seguridad les ofrezca, llámese Google, Microsoft, pero no Linux que vendría a ser una república y no el gobierno de uno solo. Lo harán aunque deban renunciar a muchos de sus derechos.

Los años 90

Vayámonos al fin del siglo XX para entender, un poco, el inicio del XXI.

Los fundadores de Google fueron Larry Page y Sergei Brin que eran dos estudiantes de doctorado de la Universidad de Stanford (Estados Unidos). Y casualidad o no cuando se cumplen 25 años del nacimiento de Google han anunciado que dejan la presidencia, que ya era casi honorífica, de la compañía. Larry Page y Sergei Brin comenzaron a trabajar en un proyecto que a la postre sería uno de los mayores negocios del nuevo capitalismo digital. Inventar, no inventaron nada: el concepto y programa de buscador de páginas web ya existía (WebCrawler.com en 1994, Lycos.com en 1995, Excite.com en 1995). Y ni más ni menos que el buscador web de una de las empresas pioneras del mundo de la informática: Digital Research. Esta gran empresa disponía también de un buscador de páginas gratuito llamado Altavista.com (1995). Un programa que los directivos de la compañía no pensaron que fuera de gran importancia, demostrando una visión a largo plazo nefasta y que les hizo desaparecer bajo la mano de otra compañía fabricante de ordenadores: Compaq, que a su vez, pensaba por aquel entonces que lo realmente importante era la máquina y no los programas. Y una vez compraron Digital Research incluyendo a su buscador de páginas web, convirtió a AltaVista.com en una página web repleta de anuncios donde buscaba monetizar a los 80 millones de usuarios mensuales que la visitaban. Altavista se derrumbó frente a la llegada de Google.com

Más tarde Compaq fue engullida por Hewelt-Packard, otra empresa pionera de la informática pero que comenzó una línea de negocio que arrojaba pistas sobre lo que iba a suceder durante el siglo que acababa de comenzar: el negocio no es la venta, de lo que sea, en este caso impresoras (que sucede una vez cada x años) lo realmente jugoso es vender los cartuchos de tinta que los clientes vendrán a buscar cada dos semanas. De ahí al modelo de suscripción había un par de pasos.

Bien, estos dos muchachos que no olvidemos que ya conocen, y utilizan el mundo de la web y los buscadores como Altavista.com intentaron dotar a su programa de una base digamos *científica*. Inicialmente llamaron a su programa BackRub, un software mediante el cual el algoritmo de búsqueda enumeraba los resultados según la "popularidad" de las páginas, ya que se dieron cuenta que la mayoría de las veces el resultado más popular también es el más útil. Lo que hizo único a Google al principio fueron dos cosas: por un lado, introdujo un palabro que iba a resonar con fuerza durante este cuarto de siglo: "el algoritmo" y, por otro, presentó un diseño claro y sin publicidad.

El algoritmo de búsqueda de Google llamado PageRank es un programa para ordenar la importancia de las páginas web, utilizando para ello una fórmula matemática que durante mucho tiempo fue secreta. PageRank no era ningún juego, pero durante lo que quedaba de Siglo XX y una gran parte de lo que llevamos de XXI, para la mayoría de los creadores de páginas web "Tener un buen page Rank" era como un reto, un juego. Inicialmente aparecer destacado en las primeras páginas de Google, o no, en realidad no tenía mucha importancia, las empresas apenas vendían por Internet. Amazon, por ejemplo, todavía no había comenzado a despuntar. PageRank produjo una suerte de *Gamificación*, trasladar la mecánica de los juegos al ámbito profesional con el fin de conseguir mejores resultados: aparecer los primeros.

Para los creadores, para los webmaster, aparecer o no era casi un juego, algo además misterioso. Nadie sabía exactamente cómo funcionaba PageRank. El caso es que la palabra "PageRank" no era una palabra. Era y es una marca registrada de Google y el proceso PageRank fue patentado (patente estadounidense 6.285.999). Destacar que la patente estuvo asignada a la Universidad de Stanford y no a Google. Recordemos que los creadores eran dos estudiantes de Standford. Google tenía no obstante los derechos de licencia exclusivos sobre la patente de la Universidad de Stanford. La universidad recibió 1,8 millones de acciones de Google a cambio del uso de la patente, que vendió en 2005 por 336 millones de dólares. De no haberlo hecho, hoy día quizás sería una de las entidades más ricas del mundo. Entre la idea romántica de iniciar un proyecto en un garaje o hacerlo realmente en la Universidad de Stanford, hay un largo trecho. La idea funcionó: no eran dos alumnos de una universidad elitista imitando a Coca-Cola con una fórmula secreta que nadie conocía pero que encantaba a todos. Eran dos jóvenes que habían creado algo nuevo desde un garaje.

Bien, este ensayo versa sobre la Inteligencia Artificial pero también sobre etcétera, esto es, *et cetera* (literalmente 'y el resto, y las demás cosas'). Y las demás cosas tienen gran importancia en este nuevo renacimiento de la "Inteligencia Artificial". Debemos seguir hablando, por tanto, de Google.

Algoritmos y más trampantojos

El diseño de la página de Google.com es claro, centrado en la búsqueda y sin una gota de publicidad. Siempre fue así. Durante muchos años el ser una página que se *cargara* de forma rápida era un valor añadido al no estar tan extendidas las líneas de alta velocidad. Google.com lo era, aunque mostraba los resultados a la misma velocidad que Altavista.com, la página de Google se mostraba mucho más rápido que la de Digital (después Compaq y finalmente en manos de Yahoo) que debía cargar decenas de anuncios muchos de ellos repletos de imágenes antes de permitirte teclear una búsqueda. Google era más funcional que Altavista. Los usuarios querían buscar páginas, no ver anuncios. Page y Brin cambiaron el nombre a Google, basado en el término matemático "gúgol", que es el número 10 elevado a la potencia de 100.

Como si fuera una premonición las cifras de negocio se elevaron a esa misma potencia. Google comenzó a andar con unas 10.000 consultas por día en las primeras semanas. Hoy su motor de búsqueda llega a responder a más de 1.000 millones de búsquedas por día en 150 idiomas y 190 países. Para ello, Google terminó con el juego y puso en marcha la publicidad en los propios resultados.

La publicidad es el resultado y el resultado es publicidad. ¡Viva Google!

La segunda trampa para el ojo fue la introducción de la palabra "algoritmo".

¿Qué es realmente un algoritmo?

Quizás si decimos que casi cada día utilizamos el *algoritmo* de la multiplicación y de la división, podamos darnos cuenta de que no es más que un conjunto de instrucciones o reglas perfectamente definidas, perfectamente ordenadas y finitas que nos aseguran la solución de un problema. Cuando Google anuncia que clasifica las páginas web utilizando un "algoritmo" también añade otra palabra: secreto. Durante mucho tiempo no se supo en qué consistía dicho conjunto de instrucciones (luego supimos que era una ecuación más o menos decente) pero a esa segunda generación de usuarios llegados a Internet que se dedicaba a jugar con rankings, y presumir de contar con el mayor número de enlaces que apuntaban a su web, todo ese secretismo no hizo más que introducirla en el tobogán de la *gamificación* por el que llevamos cayendo desde hace un cuarto de siglo. Mitad emocionante, mitad frustrante, como una caja negra.

Para poder atender semejante demanda de búsquedas la compañía ha debido ampliar, año tras año, el número de centros de datos, en los que se encuentran decenas de miles de ordenadores que contestan las peticiones de los usuarios, y que han pasado a convertirse en auténticas "granjas digitales" que trabajan las 24 horas del día, los 365 días del año. Al igual que le sucedió a la física de partículas, el consumo de energía de estas granjas no se ve pero existe. La cantidad de CO_2 que se genera con una simple consulta en el buscador es de 0,2 mg. Sabemos que Heisenberg se equivocó aunque su error dió pie a algo nuevo: la mecánica cuántica. Google también se *equivocó* al descartar la búsqueda semántica y sustituirla por búsquedas de meras etiquetas en las páginas web que cualquiera puede falsificar. Basta que una página web contenga una etiqueta con tal o cual palabra para que Google la indexe y si paga lo suficiente la mostrará en los primeros resultados.

Ya saben: "La publicidad es el resultado y el resultado es publicidad". Algo nuevo.

Una imagen vale más que mil palabras.

Si los programas de búsqueda surgieron por la necesidad de encontrar páginas web en la inmensidad de información *anti-ontológico* que había y hay en internet y que convirtieron a Google en una de las mayores empresas del mundo, el buscador Google Imágenes nació en respuesta a otra demanda de los internautas de hace dos décadas: la búsqueda de imágenes.

La realidad es algo políticamente menos correcta. Mucho antes del año 2000 un vídeo privado de la actriz Pamela Anderson y su marido Tomy Lee corre como la pólvora, primero en cintas de vídeo y dando el salto a Internet en cuestión de días.

En los años 90, la mayoría de los ordenadores no estaban conectados a Internet y los pocos que lo estaban no se conectaban permanentemente como ocurre actualmente. Esos ordenadores, en un porcentaje abrumador portaban un sistema operativo, el programa con el que nos comunicamos con el ordenador, Windows propiedad de Microsoft. La palabra virus estaba completamente extendida por la cantidad de programas maliciosos que asaltaban los ordenadores y que tenían la capacidad para propagarse y contagiar a otros ordenadores. Los programas maliciosos se extendían de forma viral. Un virus podía tardar menos de 24 horas en pasar de un continente a otro. Con la eclosión de Internet todo eso cambió y lo que antes eran horas pasó a convertirse en minutos, en segundos. Un ordenador infectado en España podía contagiar a otro en América enviando simplemente un e-mail infectado.

El vídeo privado, de carácter sexual, de Pamela Anderson y su marido se convirtió en un fenómeno viral. El 7 de noviembre de 1997, Seth Warshavsky, de 25 años, consiguió una copia de la cinta privada. Warshaskvy, un "niño prodigio de Internet", según la revista Rolling Stone, ganaba dinero a través de varias empresas on-line, con la transmisión de vídeos, los anuncios de pago por clic y el procesamiento de tarjetas de crédito en línea. También afirmaba tener artistas desnudos en su sitio web. En una maniobra descarada, Warshavsky emitió el vídeo sexual del matrimonio en su página web durante cinco horas seguidas en bucle para los suscriptores del sitio. Agotados por intentar evitar que todo el mundo compartiera la cinta, y evidentemente subestimando el alcance de Internet, Lee y Anderson cedieron sus derechos a Warshavsky el 25 de noviembre del mismo año. Warshavsky llegó entonces a un acuerdo con la distribuidora para adultos Vivid Entertainment, que puso a la venta vídeos VHS de la cinta para que cualquiera pudiera adquirirlas en las tiendas a principios de 1998. También persiguió a los "contrabandistas" en Internet y los convenció de que pagaran una licencia para seguir vendiendo la cinta.

Sexo, mentiras y fakes

El material, que Pamela Anderson y Tomy Lee siempre han sostenido que fue robado de la caja fuerte de su casa, fue rápidamente indexado por Google y el resto de buscadores web. Con la excusa de indexar todo el contenido de la web, la compañía norteamericana, al igual que el resto de buscadores, todos ellos norteamericanos, mostraba en sus resultados los llamados contenidos para adultos, pornográficos, independientemente de su procedencia. Si el acuerdo con Wikipedia otorgaba a Google una pátina de conocimiento enciclopédico, indexar contenido pornográfico le aseguraba un tráfico de usuarios desorbitante. La paradoja, si se le puede llamar así, es que el buscador no permite monetizar el contenido de sitios web considerado de adultos ni tampoco permite ni permitía pagar a estos sitios web pornográficos por anunciarse en las primeras páginas. Simplemente aparecían. Nació la industria de la publicidad pornográfica y toda una tecnología (con un papel fundamental en la Inteligencia Artificial) en torno a ella. Recordemos que Google busca por palabras clave, palabras, y basta que una página web tenga las etiquetas pornográficas oportunas para que los usuarios puedan encontrar dicho contenido en la Web. Se creó automáticamente un submundo digital. Aunque Google tuviera que indexar cientos de millones de páginas y de vídeos no pedía nada a cambio a esos "contrabandistas" que habían publicado el vídeo de Pamela Anderson. Tampoco se pidió nada a las compañías piratas que comenzaron a publicar en internet, sin permiso de sus propietarios, películas que se encontraban en formato VHS y CD-DVD. El proceso inicialmente era complejo pero aquellas compañías estaban demostrando que, el vídeo en general y el pornográfico en particular, era una demanda muy importante de los usuarios en Internet. ¿Quién necesita la semántica en el porno?

Textos, imágenes y vídeos, incluyendo el material sensible que la compañía no tuvo nunca empacho en indexar, Google estaba construyendo, tejiendo y dando forma a la conciencia de Internet. Faltaba un paso más.

Las abuelas de la Inteligencia Artificial

El escritor español Jorge Carrión, publicó en 2021 una novela de ciencia ficción que plantea la paulatina transferencia del conocimiento humano a una Inteligencia Artificial que, en conexión con la red vegetal, lentamente todo lo copia, muta y repuebla, y que es quien finalmente narra la historia: la membrana. Membrana nos coloca en el año 2100 donde existe un Museo del Siglo XXI, en el que hay una exposición que ha recogido no sólo todo lo importante de esa centuria sino también de la Historia de la humanidad; objetos domésticos, datos varios, huellas, restos de pequeños y grandes acontecimientos. Lo que los lectores leemos es, precisamente, el catálogo de esa exposición, una suerte de Arca de Noé de lo propiamente humano. Con ese recurso narrativo, algo mítico pero original en sí mismo, el libro nos describe lo que hay en cada sala de ese Museo del siglo XXI. La guía está redactada por un narrador omnisciente que aporta una innovación llamativa: utiliza un "nosotras" enigmático que son quienes registran las voces que han fundado esa nueva vida.

Bien. Las narradoras, llamadas "abuelas" en la novela, no podrían transferir el conocimiento humano sin antes haberlo catalogado, registrado, indexado y compilado. Compilarlo como hizo Justiniano I (482 d. C.) con el derecho romano creando un código legal nuevo después de revisar todas las leyes y códigos legales anteriores donde decidieron cuáles ya no eran relevantes, cuáles se debían mantener y cuáles necesitaban alguna adaptación. El nuevo derecho romano ayudó a expandir el Imperio bizantino a nuevos territorios y someterlos a la jurisdicción del derecho romano. No solo se utilizó como base del derecho bizantino durante más de 900 años, sino que sus leyes siguen influyendo en muchos sistemas jurídicos occidentales en la actualidad.

Google ha indexado el contenido de la Web, que no es ni de lejos el contenido humano, aunque ya hay toda una generación que lo trata como tal, y una serie de compañías, incluyendo a Google, se encuentran en una carrera frenética por intentar compilar ese conocimiento.

Programadores y compiladores

Un programador es una persona que escribe, aplicaciones informáticas, o programas, utilizando para ello otro programa con el que debe comunicarse en un lenguaje determinado. Por ese motivo este último programa recibe el nombre de lenguaje de programación. Contrariamente a lo que pudiera parecer crear un programa informático ha sido casi siempre relativamente sencillo y actualmente mucho más sencillo si cabe. En el mismo tiempo que se tarda en *cargar* y programar una lavadora se puede escribir un programa informático. La presunta, ya casi legendaria, complejidad de la programación proviene de los primeros tiempos de la informática, o computación, habitualmente en manos de matemáticos. Inicialmente la comunicación con el ordenador se hacía sin intermediarios: debían conocerse cada uno de los circuitos de la máquina para dar instrucciones a los ordenadores que podían tardar horas o días en dar un resultado. El ordenador te hablaba en su lengua, lenguaje binario, 0 y 1. y el programador también. Con el paso del tiempo y con el objeto de que las computadoras pudieran ser utilizadas de forma más eficiente se fueron creando programas que permitieran dar instrucciones a la máquina utilizando un *lenguaje natural,* generalmente en inglés. Habían nacido los sistemas operativos, ya no era necesario conocer el lenguaje binario, bastaba con conocer el nombre de las órdenes (suma estos números, crea un archivo, guarda este resultado en este archivo, etcétera). Entre los años 70 y 80 se inventó el microchip que revolucionó el mundo de la electrónica en general y el de la informática en particular. Los ordenadores, al principio se les conocía como microcomputadoras, dieron el salto a las empresas, sustituyendo a máquinas de escribir y calculadoras, después llegaron, poco a poco, a los hogares. Era necesario que los programas fueran simples de utilizar para que pudieran llegar al gran público. Si un lenguaje de programación es un programa puedo crear un programa que sea otro lenguaje, más sencillo de utilizar y más versátil. Así por ejemplo, en los años 70, utilizando un lenguaje máquina se creó el lenguaje C, con dicho lenguaje, que recordemos es un programa, se creó otro programa: el sistema operativo UNIX y asimismo fue la piedra angular de la mayoría de los sistemas operativos actuales (desde Windows, hasta MaC, pasando por Linux y Android). Aprender a programar era tan sencillo que los libros de primaria en Estados Unidos, después de cada lección de la materia que fuese (matemáticas, lengua, dibujo...) mostraban un programa de ejemplo para repasar esa lección. Contrariamente a lo que se pueda pensar no es obligatorio disponer de una computadora ni para programar ni para "ejecutar" mentalmente el programa. De la misma forma que para aprender inglés no es obligatorio disponer de un señor inglés a nuestro lado. En países como la Unión Soviética, y los llamados países del Este, el número de micrordenadores era infinitamente más bajo que en Estados Unidos o Europa (el microchip era un invento norteamericano seguramente igual que la Guerra Fría y los chips no podían ser vendidos a la URSS). Pese a tener muchos menos microordenadores el nivel matemático era muy elevado y el paso a la programación de computadoras era casi un proceso mental para ellos. Muchos de los programas más importantes de la microinformática han sido creados por programadores de aquella Europa dividida por un telón de acero. Desde la hoja de cálculo, pasando por el juego de lógica Tetris hasta llegar a Telegram y también Whatsapp.

El mundo de los lenguajes de programación se fue ampliando. Google apareció en escena con su sistema operativo Android, inicialmente desarrollado por la empresa Android Inc., que fue adquirida por Google en 2005. Android, instalado en el 90% de los teléfonos móviles se basa en el sistema operativo Linux, escrito en lenguaje C.

Lenguaje máquina→Lenguaje C→Sistema Unix-Linux→Sistema Android
Lenguaje máquina→Lenguaje C→Sistema Unix-Linux→Sistema Apple

En gran medida todo ese renacimiento de lenguajes, programas y sistemas operativos, que se van conformando como capas, era debido a una filosofía: la del software libre que no es otra cosa que permitir que el programa que hemos creado sea utilizado y modificado (para ser mejorado o para crear otros programas) por cualquiera. Esta filosofía llevó a crear auténticas bibliotecas de programas con cientos, miles de programas, repletos de algoritmos que solucionan miles y miles de problemas que cualquiera podía y puede consultar o utilizar.

En el mundo de la programación de ordenadores, compilar es el proceso de transformar un programa informático (también conocido como código fuente), escrito en un lenguaje que entienden los humanos, en un conjunto de instrucciones o lenguaje que entienden las máquinas llamado código binario o código máquina.

Existe por tanto una equivalencia entre el lenguaje escrito por el humano, utilizando un lenguaje de programación, y el resultado final, el código ejecutable que puede entender la máquina y que conocemos como programa. Un tratamiento de textos, una hoja de cálculo, una APP en un móvil, etc.. son programas. Modificando el código fuente y compilándolo de nuevo, puedo generar otra versión de ese programa. Así funcionan el 99% de los programas informáticos hoy día. Estos programas informáticos generalmente permiten crear o gestionar datos (que pueden ser textos, números o imágenes) y que acostumbran a tener un comportamiento pasivo, dependen de los programas para ser gestionados y atención: muchas veces necesitan de esos mismos programas para ser simplemente mostrados. Son sujetos pasivos. Aunque técnicamente en la mayoría de los casos, código fuente, programa y datos se encuentran perfectamente diferenciados, comercialmente es muy rentable confundirlos para, de esta manera, hacer de todo ello un producto.

No siempre existen motivos comerciales, los micro-chips, millones de circuitos eléctricos que antes ocupa-ban una habitación y ahora tienen el tamaño de la ca-beza de un alfiler, contienen muchos programas en su interior. El auge del mundo digital fue propiciado por la invención del circuito integrado o microchip. Un inven-to del año 1958 que ha ido mejorando año a año hasta formar parte de nuestra vida cotidiana, del mundo real (y a los que no prestamos atención).

Abunda la literatura que viene a decir que el renaci-miento de la "Inteligencia Artificial" está motivado por los avances en el campo de la microelectrónica. Eviden-temente no es algo falso pero quizás esconda que esa eclosión por lo que viene motivada es porque ahora te-nemos, tienen, datos. Miles de millones de datos.

Los datos

Hasta no hace mucho podíamos encontrar dos acepcio-nes de la palabra "dato".

En informática un dato es una cifra o número, letra o palabra que se suministra a la computadora como en-trada y que esa máquina almacena en un determinado formato.

Un dato también es la información concreta sobre un

hecho, o distintos elementos, etcétera, que permite estudiarlos, analizarlos o conocerlos.

Nuestros datos personales, efectivamente también son datos. Las computadoras, los ordenadores, han pasado de procesar "datos pasivos", listos para ser procesados en hojas de cálculo, procesadores de texto, y bases de datos, a manejar información personal, privada de ciudadanos de los que se almacena TODO, desde sus datos personales hasta sus gustos, relaciones con otros ciudadanos y un largo etcétera con los que se podría escribir todo un libro. Porque, y ahora entra en juego la "Inteligencia Artificial", ya no se trata de que nuestros datos, nuestras vidas, sean sujetos pasivos utilizados por los programas. Además, estos programas pueden *inferir* nuestros comportamientos futuros frente a tal o cual interacción en el mundo digital y cada vez más en el mundo real. La Internet de las cosas (LOIT en inglés) es el nombre que recibe toda una familia de nuevos dispositivos electrónicos, que antes eran simplemente electrodomésticos caseros, que están conectados a Internet con el objetivo de que los podamos utilizar de forma remota. Así, en algunos hogares, se ha pasado a tener la calefacción conectada a Internet para poder encenderla, desde el móvil, sin necesidad de estar en casa. (Ya lo dijo Neil Astrong: Un pequeño paso para el hombre, un gran salto para la humanidad). Lo mismo ocurre con otros aparatos electrónicos, incluyendo los asistentes virtuales que muchas veces se conectan también con estos aparatos para interactuar con ellos.

Nos encontramos pues con unos fabricantes de programas que si bien utilizan los clásicos programas informáticos de los que hemos hablado anteriormente, lo cierto es que ahora lo hacen con un tratamiento de los datos muy particular. Si inicialmente lo más importante de un sistema era el código fuente, (que posteriormente, una vez compilado, se convierte en programa) seguido de los datos que son utilizados por ese programa, ahora lo más importante de estos nuevos sistemas como "la inteligencia Artificial" son los datos. Incluyendo los "datos de uso" de los programas. Al digitalismo se la trae al pairo los contenidos de los usuarios. A fin de cuentas son volátiles. Nuestra generación y la de nuestros hijos no tendrá posibilidad alguna de salvaguardar sus datos (imágenes, vídeos, etcétera) con el paso de los años. Esos datos se perderán de forma irremediable en una amalgama de tecnologías y productos que muchas veces serán incompatibles. No es una conspiración mundial, es propio del mundo digital, la información digital es volátil. También se perderán los datos de uso. ¿Pero a quién le importa? Los datos de uso son el combustible del capitalismo digital. Esos datos se compran y se venden en tiempo real, de la misma forma que ahora se mueve el dinero, con el único fin de formar parte de una subasta de "datos de uso + datos privados" para lanzar campañas de publicidad. Ni más ni menos.

Con la llegada de las Inteligencias Artificiales se necesitan cantidades ingentes de datos para entrenar a estos programas. Unos datos en forma de fichas.

Tokens. ¡Hagan juego señores! (la banca siempre gana)

Seguramente, durante algunos años, oiremos hablar mucho de tokens, fichas. No será una palabra de uso cotidiano pero tendrá su importancia. ¿Qué son los tokens en el mundo digital de la Inteligencia Artificial? Los tokens son algo así como palabras parciales. Cada vez que chateas con un bot, o haces uso del teclado predictivo en tu móvil, tus palabras se dividen en unidades más pequeñas que se llaman tokens. Así de sencillo.

1 token equivale aproximadamente a 4 caracteres, 100 tokens equivalen aproximadamente a 75 palabras.

Ahora y siempre las máquinas no conocen ningún idioma, ni entienden el sonido ni la fonética. Necesitan que se les enseñe desde cero y de tal manera que puedan leer cualquier idioma posible. Toda una tarea, ¿verdad? Los humanos aprendemos un idioma conectando el sonido con el significado y luego aprendemos a leer y escribir en ese idioma. Las máquinas no pueden hacer eso, por lo que necesitan recibir las unidades de texto más básicas para comenzar a procesarlo. Ahí es donde entra en juego la tokenización. Dividimos un texto en unidades más pequeñas llamadas tokens, "fichas".

Hay toda una explicación técnica de porqué se utilizan tokens, fichas, y no palabras completas, en Inteligencia Artificial en la que no vamos a entrar. Pero podemos pensar o recordar que los humanos trabajamos con fonemas, esa unidad mínima del lenguaje oral, que nos permiten diferenciar entre las palabras de una lengua: /t/ y /l/ en pata y pala, por ejemplo. Los tokens son fundamentales para que las máquinas puedan procesar el lenguaje natural.

El procesamiento de(l) lenguaje natural o de lengua (je)s naturales, abreviado PLN (o NLP por sus siglas en inglés), es un campo de las ciencias de la computación, de la Inteligencia Artificial y de la lingüística que estudia las interacciones entre las computadoras y el lenguaje humano.

Los traductores. A la ONU, a las dos y a las...

Google Translate, lanzado en abril de 2006, es un servicio de traducción automática multilingüe desarrollado por Google para traducir textos, documentos y sitios web de un idioma a otro. A partir de 2022, Google Translate admite 133 idiomas en varios niveles y según Google, actualmente Alphabet Inc, cuenta con más de 1.000 millones de usuarios.

¿Google tiene miles de traductores para realizar esta tarea?

No exactamente o dicho de otra manera: contaba con miles de traductores y millones de documentos traducidos pero no eran de Google. Ahora veremos el motivo. El creador de Google Translator, el alemán Joseph Och, cuando fue contratado por Google tuvo la brillante idea de poner en marcha un servicio de traducción automática basado en la estadística, (algo así ya se había probado antes pero nunca se había comercializado).

La estadística es una ciencia que utiliza conjuntos de

datos para obtener, a partir de ellos, inferencias basadas en el cálculo de probabilidades.

Esencialmente, por lo que respecta a los traductores automáticos, un documento se traduce estadística y automáticamente en la probabilidad de que una cadena de texto de la lengua nativa (casi siempre inglés) sea la traducción de otra cadena en la lengua extranjera (por ejemplo, francés). La estadística necesita evidentemente muestras representativas para poder ponerse en marcha y en el caso de los traductores automáticos, como Google, necesitaba miles de documentos en inglés que estuvieran traducidos a varias lenguas. No se trata de enseñar a traducir a un programa (algo imposible) sino de que sea capaz de determinar la probabilidad de que "woman" sea la traducción correcta de "mujer" en español, por ejemplo. Si un programa comprueba que en cada uno de los documentos en inglés y español que analiza, la frecuencia con la que ha sido traducida la palabra "woman" por "mujer" es muy alta, podrá llegar a inferir que es la traducción apropiada. Durante una traducción automática estadística se buscan patrones en miles de documentos para ayudar a decidir qué palabras elegir y cómo organizarlas en el idioma de destino.

Si la importancia de la traducción automática basada en la estadística resultó un avance notable, lo fue mucho más al ser creada por Google, que ya había demostrado que era algo así como el albacea de Internet y ahora se disponía a traducirla.

Pero ¿quién pone los datos?

Google utilizó documentos y transcripciones de las Naciones Unidas, que tenían todos sus documentos traducidos a los seis idiomas oficiales. Algo más adelante utilizaron las traducciones del Parlamento Europeo. Todo ello les permitió recopilar datos lingüísticos de gran calidad (que evidentemente habían sido traducidos por traductores profesionales). Para hacerlo más sencillo todavía, en lugar de traducir idiomas directamente (del alemán al español por ejemplo), lo que se hizo, y se sigue haciendo, es traducir el texto siempre al inglés y luego pasarlo, traducirlo, al idioma de destino.

Podemos deducir, después de todo lo expuesto, que este tipo de traducción nuevamente no sabe lo que está diciendo pero sí tiene altas probabilidades de acertar. Durante más de diez años esta ha sido la técnica para traducir o, mejor dicho, acertar de Google.

Llegan las redes neuronales artificiales

En noviembre de 2016, Google anunció que Google Translate cambiaría a un motor de traducción automática neuronal, Google Neural Machine Translation (GNMT), que traduce frases completas a la vez, en lugar de solo palabra a palabra. Utilizando de esta forma un contexto más amplio que le ayuda a descubrir la traducción más relevante; que luego reorganiza y ajusta para parecerse más a un ser humano hablando con la gramática adecuada.

¿Es la estadística la abuela de la Inteligencia Artificial? Aunque no es del todo correcto, estadísticamente podríamos decir que algo de cierto tiene, dado que la Inteligencia Artificial, en puridad, no existe, y la estadística sí, además ambas necesitan dos elementos fundamentales:

Algoritmos y datos

La llamada Inteligencia Artificial necesita de un elemento fundamental, un truco podríamos decir: una máquina, generalmente una computadora u ordenador, donde ejecutarse. Dentro del universo digital, todo es posible, incluso la *Inteligencia Artificial*. Fuera de él, el truco se desvanece. Un programa informático es un *parásito* que necesita una máquina por específico o experto que sea.

Precisamente el hecho de que las traducciones automáticas estadísticas se pusieran en marcha con éxito de la mano de la mismísima Google permitió añadir una nueva característica a este tipo de programas expertos: la internacionalización, además automática, de los contenidos (los datos) y de los mismos programas. En el caso de los algoritmos, al igual que la estadística, mayoritariamente matemáticos, no necesitan ser traducidos: son un idioma universal.

Aunque la historia de la IA no es el objetivo de este ensayo hay que recordar que Google no fue la primera empresa o servicio web que ofreció un traductor automático. Babel fish fue un servicio de traducciones automáticas ofrecido, con escaso éxito, por los buscadores AltaVista y Yahoo! hasta su transición a Bing Translator en mayo de 2012. Incluso, podemos irnos muchos años atrás y encontrar un traductor automático nacido en el estado español. El traductor Internostrum, desarrollado por la Universidad de Alicante, ofrecía un servicio de traducción automática catalán-castellano de calidad. El año 2004 surgió la plataforma Apertium, heredera de la filosofía de los traductores Internostrum y programada desde cero, para conseguir mejores resultados. A día de hoy Apertium sigue en funcionamiento.

Google, por el contrario no pretendía ofrecer un servicio de traducción de calidad y simplemente imitó el modelo que tanto éxito le había dado con su buscador. Mientras que el rastreador web extrae toda la Web y la indexa, Google Translator también cuenta con un rastreador, en este caso, de traducción. Simplemente trata de encontrar qué textos están traducidos a otro idioma y dónde encontrar la traducción correspondiente. Hasta 2016 utilizaba la traducción estadística, después llegaron las redes neuronales artificiales. Esto significa que, si utilizas Google como buscador o traductor, hace más de cinco años que estás haciendo uso de la "Inteligencia Artificial" de Google. Es posible que el lector de este libro resida en otro jardín vallado como Facebook, Instagram o Twitter. El caso es que también estará haciendo uso de las llamadas Inteligencias Artificiales y privadas que son propiedad de cada uno de sus dueños transaccionales. Durante bastante tiempo estas plataformas utilizaron el tecnicismo: "usamos algoritmos", sin entrar en muchos detalles. En el fondo estas empresas necesitaban un buen argumento para explicar a sus accionistas que pese a gestionar a 1.000 millones de usuarios no eran necesarios un millón de trabajadores para controlar el jardín. Pensemos que en España existen 6 médicos por cada 1.000 habitantes. En Estados Unidos la cifra se reduce a 2 por cada 1.000 habitantes. Una vez se demostró que se podía utilizar tecnología, en vez de seres humanos, para cuidar jardines vallados con cientos o millones de usuarios, esas tecnologías se están convirtiendo en productos comerciales. De esta forma el jardín de Google o Facebook, por citar algunos ejemplos, ya no está desasistido sino controlado por una Inteligencia Artificial que se comporta como el genio de la lámpara de Aladino. Un genio artificial al que hay que pagar, de una forma u otra, cada vez que queramos pedir un deseo.

Jardín vallado es un viejo término de internet. Años atrás, lo usábamos para describir las plataformas tecnológicas, como Infovía en España, creadas por Telefónica, para que "no fuera necesario" salir de sus límites y hacer "innecesario" navegar por todo internet. Con navegar por las páginas web de Infovia era suficiente.

¡Qué naveguen otros! parecía ser la consigna española. Afortunadamente El jardín vallado de Telefónica se abrió por orden ministerial en 1998. Se liberalizaron las telecomunicaciones en el país, al menos teóricamente. Desgraciadamente, con el paso de los años, la expresión Jardín vallado sigue siendo válida para explicar los ecosistemas móviles no compatibles entre ellos: el de Black-Berry (ya desaparecido), el de Google, el de Apple, el de Microsoft, etcétera. Y también, poco a poco, podemos observar que las llamadas plataformas (desde Netflix, hasta Amazon pasando por Tiktok o Instagram) no son más que jardines vallados. Es importante pensar sobre este concepto, porque jardín vallado explica bien el ansia de las tecnológicas por eliminar los enlaces que nos llevan fuera de sus dominios, o por qué unas aplicaciones no pueden comunicarse con otras siendo tan "inteligentes". Este fenómeno, este ansia viva por encadenarnos, por meternos en un jardín, además de desmontar la idea original de la Web, de Internet, cobra especial relevancia con la aparición de estos nuevos productos, de estas inteligencias artificiales. Estos programas, que aunque presumen de hacer uso de las redes neuronales, (en seguida veremos que nuevamente es un término más marketiniano que científico) no hacen más que perpetuar el modelo de jardín vallado, ahora inteligente. Cada gran fabricante cuenta con su propia Inteligencia Artificial que es incompatible con las del resto. ¿Qué inteligencia es esa? ¿Un ejemplo? ¿Un ejemplo real? Bien, X, antes llamado Twitter, un servicio de mensajes cortos, se dispone a poner en marcha una Inteligencia Artificial que utilizará exclusivamente los contenidos de X y que solamente podrá ser utilizada desde su plataforma. X cierra completamente el jardín y lo valla.

Está bien, salgamos de los jardines vallados para contemplar en detalle sus flores y plantas.

La Web 4.0: las Redes neuronales

Si treinta años atrás surgió la primera y primitiva web, cuyo elemento básico era "la página" construida con un lenguaje de etiquetas, ya hace casi veinte que las páginas estáticas se convirtieron en programas. De lo estático, la página, pasamos a lo dinámico, de la Personal Home Page (Página personal), al recursivo y dinámico PHP: Hypertext Preprocessor (preprocesador hipertexto). Lenta, pero inexorablemente, Google iba indexando a la gran malla mundial. Después, lo que iba a ser la web semántica dejó paso a las galaxias de APP que nos permitían tener todo en nuestra mano, mientras comenzaba a enclaustrarnos como individuos y sociedad. Cuando despertó, el dinosaurio de Internet ya no estaba allí. Y muchos le decían que entrara en su jardín inteligente.

Cuando Martin Lutero tradujo la Biblia al alemán, en tan solo once semanas, el mapa del mundo cambió. El cristianismo se escindió entre católicos y protestantes que se repartieron las imprentas, y los dogmas, compartiendo, ante todo, aquellos que hacían imposible poder congraciarse con los musulmanes. Los alemanes dejaron de ser analfabetos al poder leer las sagradas escrituras en su lengua. La Biblia que ya había sido traducida del griego al latín, posteriormente fue traducida al alemán. En cada una de las traducciones se introdujeron "mejoras" y "aclaraciones". La imprenta fue fundamental; supuso una revolución tecnológica pero las traducciones teñían de un color u otro el libro impreso.

El mundo digital, compuesto por ceros y unos, está escrito básicamente en inglés y consigue llegar a muchos hogares cuando supera la barrera idiomática, mediante la traducción de sus programas. Si el prestigio de un autor literario se mide en la cantidad de lenguas a la que está traducida su obra, las compañías informáticas se convierten en multinacionales cuando traducen los interfaces, la parte visible de sus programas a cientos de lenguas. De esta forma, los programas no se adaptan a la cultura del país sino que homogenizan una forma de operar e incluso de pensar.

¿Trasladar una cultura o traducirla?

La traducción automática neuronal (NMT) utiliza, cómo no, algoritmos llamados, en este caso: redes neuronales. El software de traducción automática neuronal es capaz de producir traducciones de forma más rápida y con mucha precisión. Una traducción NMT hace uso de lo que se llama "aprendizaje profundo", deep learning en inglés. La publicidad de estas herramientas dice que "Utilizando simulaciones basadas en cómo piensa el cerebro, los científicos pueden enseñar a las máquinas a traducir de forma más parecida a cómo se traducen los humanos". No obstante, el sistema de traducción original no cambia, con o sin redes neuronales. Siempre se traduce todo al inglés y una vez traducido se traduce a la lengua de destino. Este sistema permanece inalterable.

Las redes neuronales artificiales (en inglés)

Las Redes neuronales y especialmente una de ellas, las Redes generativas antagónicas (GAN en inglés "Generative adversarial network") trabajan de una forma curiosa y muy ilustrativa de lo que está por venir y que ha venido en llamarse Aprendizaje Profundo. ¿Aprendizaje profundo, deep learning en inglés? Nuevamente la idea de profundidad es algo falaz. La palabra «profundo» en el Deep Learning hace referencia a las multitud de capas, que podemos imaginar como anillos concéntricos que conforman estas redes neuronales, donde cada capa de red procesa sus datos de manera específica para luego informar a la siguiente capa. Cuantas más capas de redes neuronales artificiales más profunda es esa red de neuronas artificial.

¿Neuronas artificiales?

Un poco de paciencia, ya falta poco para abordarlas.

Una neurona es la unidad estructural y funcional del sistema nervioso. Recibe los estímulos provenientes del medio ambiente, los convierte en impulsos nerviosos y los transmite a otra neurona, o incluso a una célula muscular donde producirán una respuesta. Santiago Ramón y Cajal, en 1880, desarrolló una teoría nueva y revolucionaria que empezó a ser llamada la «doctrina de la neurona». Cajal expuso que las neuronas actúan como entidades discretas que se interconectan y establecen "una especie de red mediante conexiones especializadas o espacios". Las investigaciones de Cajal proporcionaron las bases de lo que más tarde se llamaría "teoría neuronal", ahora ampliamente considerada la base de la neurociencia moderna. De la doctrina de la neurona pasamos en apenas unos años a la teoría de la neurona, que viene a decir que el cerebro humano está formado por 100 mil millones de células llamadas neuronas, conectadas entre sí por sinapsis (un mecanismo químico esencial que permite a las neuronas comunicarse entre ellas). Si se activan suficientes entradas sinápticas a una neurona, esa neurona también se activará. De forma algo burda podemos decir que a este proceso lo llamamos "pensamiento". Y continuando con la explicación de esta teoría neuronal, acuñada como se ha dicho desde 1880, debemos rescatar esta frase pronunciada por Ramón y Cajal: "La capacidad de las neuronas de crecer en un adulto y su poder para crear nuevas conexiones pueden explicar el aprendizaje".

Pensamiento y aprendizaje

En 1943 McCulloch y Pitts, dos científicos norteamericanos del campo de la neurología, propusieron un modelo simplificado de neurona de acuerdo con la idea de que esta es esencialmente una unidad lógica. Este modelo es una abstracción matemática con entradas y salidas, que se corresponden, respectivamente, con las dendritas y los axones (las dendritas son vías de entrada para los impulsos nerviosos, y los axones constituyen su vía de salida). Suponemos que la inteligencia natural emerge a partir de la actividad eléctrica de las neuronas biológicas, que se encuentran distribuidas en un gran número de estas unidades interconectadas y que además procesan información de forma paralela.

Pues bien, una red neuronal artificial no es más que un sistema informático que se inspira, podríamos decir que se bioinspira, en las redes neuronales biológicas que constituyen los cerebros de los animales. Estas neuronas artificiales modelan vagamente, y esto es muy importante, va-ga-men-te, las neuronas de un cerebro biológico. No se modela la complejidad biológica del cerebro humano a nivel molecular, sólo sus reglas de nivel superior, la teoría de la teoría o la punta del iceberg.

Lo dicho, mera inspiración. Un clásico en la historia de la humanidad que busca analogías entre el corazón, el cerebro y las máquinas.

En el siglo XVI, uno de los pocos renacentistas españoles, Miguel Servet, descubrió la circulación sanguínea menor intentando encontrar donde residía el alma. Es un hecho conocido que en la mayoría de las religiones la sede principal de la divinidad del ser humano reside en el corazón. En los Textos Herméticos, que son citados por Miguel Servet en sus obras, se dice: por lo que respecta al alma, es vehiculada del siguiente modo: el pensamiento pasa a la razón, la razón al alma y el alma, en fin, al aliento vital. Se difunde entonces el aliento vital por entre la sangre, por venas y arterias y pone en movimiento al ser vivo, en cierto modo como si lo levantara. Servet sostenía que el alma era una emanación de la Divinidad y que tenía como sede la sangre. Gracias a la sangre, el alma podía estar diseminada por todo el cuerpo, pudiendo asumir así el ser humano, su condición divina.

500 años después, las grandes multinacionales digitalistas dicen haber encontrado la pócima de la inteligencia, la Divinidad, que están dispuestos a entregarnos por una módica suscripción.

Una Inteligencia Divina y además etnocentrista. En torno a 1790, los coetáneos de James Watt (el inventor de la máquina de vapor) establecieron analogías entre el sistema formado por el corazón y el cerebro e imaginándolo en forma de calderas tubulares de una máquina de vapor. La mente. En aquel momento no había nada más novedoso que la máquina de vapor. Si la mejor máquina conocida en el universo era el cerebro, éste, pensaron, debía de funcionar con una tecnología similar a una máquina de vapor. Dado que la esclavitud no fue abolida en Inglaterra hasta 1833, podría pensarse que el hombre, exclusivamente blanco, equiparaba su mente eurocentrista con la de sus creaciones e inventos.

Y aquí estamos. En pleno siglo XXI, todavía, teorizando y descubriendo cosas acerca de la forma en la que pensamos. Antes con la ayuda de la religión, que entendía a la razón y al pensamiento como simples ingredientes del alma. Ahora, otra vez, son las máquinas creadas por el hombre, y entrenadas por él, las que nos invitan a dejar el pensamiento y la razón en manos de ellas.

Veamos. En principio, las neuronas de nuestro cerebro se agrupan y se especializan para lograr ejecutar tareas complejas. Una red neuronal artificial intenta emular este mismo principio y se consigue al agrupar neuronas artificiales, con mayor o menor profundidad, que posteriormente son entrenadas.

Redes neuronales artificiales ¿entrenadas?

Igual que a los perros, puede entrenarse a las abejas para que lleven a cabo tareas de olfateo (útiles en el mundo real y no en el digital). Aunque quizás la mayoría de nosotros preferimos decir que, en el caso de los animales, más que entrenar se adiestra. Se enseña a un animal a ejecutar determinados movimientos o habilidades siguiendo las órdenes de una persona (adiestrar). Bien pensado, lo mismo ocurre en el caso de las personas. Cuando enseñamos a alguien a ser diestro en algo especialmente en una habilidad manual, un ejercicio físico, etcétera, más que entrenar, adiestramos. No explicamos al perro el porqué de ese adiestramiento, ni tampoco explicamos, en profundidad, a un operador en una cadena de montaje el porqué de su trabajo. La teoría publicitaria de las redes neuronales artificiales afirma que éstas aprenden al ser entrenadas por los seres humanos procesando ejemplos, cada uno de los cuales contiene una "entrada" cualquiera y un "resultado" que entendemos o damos por bueno. Es posible que no quede tan bien decir que un programa es adiestrado en vez de entrenado. Pero la realidad, también en la Inteligencia Artificial actual, es que no puedes entrenarte en algo si no has aprendido primeramente lo que tienes que hacer. Puedes memorizar la tabla de multiplicar de un número pero eso no significa que entiendas las reglas de la aritmética, por mucha destreza que muestres al recitar las tablas. Aunque hay que reconocer que el modelo memorístico tiene una gran implantación en los sistemas educativos actuales, no es menos cierto que introducir un millón de imágenes de gatos (de diferentes razas y tamaños) en un programa e ir indicando, una a una, si es cierto o no que esa imagen se corresponde a la de un gato, no es precisamente un sistema de aprendizaje similar al humano. Más bien se adiestra a ese programa para realizar unas tareas determinadas. El programa, inteligente él, no puede ni debe entrar en más consideraciones.

Otro detalle, nada menor, es que al dar exclusivamente "ejemplos" a estos programas, condicionamos completamente el resultado. Por si fuera poco, al igual que sucede con los contenidos de las "redes sociales", la mayoría del aprendizaje no está supervisado por un ser humano.

La bioinspiración no es Inteligencia Artificial

¡Vaya!, resulta que las células del cerebro no son solamente neuronas.

El 90% de las células del cerebro no son neuronas sino las llamadas células gliales, que no solamente regulan el funcionamiento de las neuronas sino que también poseen potenciales eléctricos, generan ondas de calcio y se comunican entre ellas, lo cual parece indicar que también representan un papel muy importante en los procesos cognitivos. Si esto es cierto, y parece que así es, el modelo conexionista (que mantiene que los fenómenos mentales pueden describirse mediante redes interconectadas de unidades simples y a menudo uniformes) se llevaría su tercer gran chasco.

La gran ola te trajo, escribió Borges.

La primera ola conexionista apareció en la década de 1950 de la mano de dos neurólogos: Warren McCulloch y Walter Pitts que teorizaron que la neurona era la unidad lógica básica del cerebro. Después de invertir cifras millonarias en programas de investigación, terminó en gran chasco en 1980 al no conseguir ningún avance significativo. La segunda ola comenzó a finales de la década de 1980, tras el libro de 1987 "Introducción al procesamiento distribuido en paralelo", de dos psicólogos norteamericanos: McClelland y David E. Rumelhart, que introdujeron mejoras a la idea de una neurona artificial, como procesadores intermedios (actualmente conocidos como "capas ocultas" y que tienen un papel fundamental y misterioso en la IA) junto con el concepto de las unidades de entrada y salida. Desde finales de los años ochenta hasta mediados de los noventa, el conexionismo adquirió un tono casi revolucionario cuando, ahora dos filósofos norteamericanos, Terence Horgan y Tienson, plantearon que en lugar del paradigma clásico que considera la mente como una computadora (o un grupo de computadoras interconectadas), propusieron que la mente se entiende mejor como un sistema dinámico realizado en una red neuronal. Algunas desventajas del enfoque conexionista de la segunda ola incluyeron la dificultad para descifrar cómo las Redes Neuronales Artificiales procesan la información o pueden explicar la composición de las representaciones mentales. Horgan y Tienson sostenían que la cognición necesita sintaxis pero no normas. Este planteamiento no afectaba exclusivamente a sus investigaciones en Inteligencia Artificial sino a otros campos como la psicología. Las ventajas del enfoque conexionista de la segunda ola llegaron para quedarse pues incluyeron su aplicación en una amplia gama de funciones muy específicas pero quedaron estancadas al no poder salir del laboratorio. Tuvieron que pasar casi veinte años para que llegase la tercera ola cuando, precisamente Google, dispone desde hace años y cada vez más, de una cantidad ingente de datos. La tercera ola, la actual, ha estado marcada por avances prácticos en el aprendizaje profundo, deep learning. Muchos de esos avances, sin embargo, han pasado desapercibidos. Acostumbrados como estamos los usuarios a disponer cada vez de mayores funcionalidades en nuestros programas, pasamos por alto aquel presente para luego asombrarnos de un futuro que no es tal.

No obstante, nuevamente, la complejidad y escala de dichas redes neuronales y artificiales ha traído consigo mayores problemas de una Inteligencia Artificial explicable: un sistema sobre el cual los humanos pueden mantener la supervisión intelectual de los métodos para lograrla. Conseguir algo pero no saber explicar la forma en la que se ha llegado a ello, no es muy alentador. O no debería serlo. Uno de los motivos de ese desconocimiento es que esas capas ocultas de las que hablamos hace un momento están realmente ocultas, no son observables. Las capas ocultas toman su entrada de la capa de entrada o de otras capas ocultas. Las redes neuronales artificiales pueden tener una gran cantidad de capas ocultas. Cada capa oculta analiza la salida de la capa anterior, la procesa aún más y la pasa a la siguiente capa. Producen un resultado pero no podemos saber exactamente qué operaciones ha realizado.

Es posible que estemos frente a la tercera gran ola, y posible gran chasco, del modelo conexionista basado en redes neuronales artificiales que derivan en un aprendizaje profundo.

Otro gran problema, apenas mencionado pero que es fácilmente deducible, es el consumo de energía que se necesita para mantener miles o millones de capas de redes neuronales. Sea o no inteligencia, lo que sí está claro es que es digital y si el digitalismo como veremos más adelante, es un generador nada despreciable de CO_2, con la aparición y llegada de estos sistemas inteligentes el consumo energético es mucho mayor. Lo que debería llevar a preguntarnos si estamos hablando de un sistema sostenible o frente al clásico sistema, inicialmente revolucionario, pero que a corto plazo se muestra tan perjudicial como la combustión de fósiles.

Construir y programar una red neuronal artificial simple en nueve líneas de código

Si lo deseas puedes saltarte este apartado. El objetivo de este libro no es, evidentemente, enseñar a programar ordenadores al lector, pero sí considero interesante que pueda leerse, y más o menos entenderse, que utilizar técnicas de Inteligencia Artificial no es más complicado que hacer un programa de ordenador que nos imprima la tabla de multiplicar del número 7.

¿Cómo haríamos un programa para hacer la tabla del 7? En programación de ordenadores, básicamente creamos un bucle, una serie de instrucciones que se repiten indefinidamente mientras no se cumpla una condición previamente establecida, que se ejecutará 11 veces. Dentro de ese bucle introducimos las órdenes.

Un programa en lenguaje Python, uno de los más utilizados en el mundo de la programación, sería algo así:

```
for multiplicador in range(1,11):
    multiplicacion = 7 * multiplicador
    print(f'7 x {multiplicador} = {multiplicacion}')
```
Dando como resultado al ejecutar el programa

7 x 1 = 7
7 x 2 = 14
7 x 3 = 21
7 x 4 = 28
7 x 5 = 35
7 x 6 = 42
7 x 7 = 49
7 x 8 = 56
7 x 9 = 63
7 x 10 = 70

Acabamos de ver en acción a un algoritmo, los famosos algoritmos, que en este caso imprime la tabla de multiplicar del número 7. Para este algoritmo de la tabla de multiplicar, no hemos utilizado una red neuronal artificial porque, como hemos visto, los lenguajes de programación desde sus inicios saben realizar operaciones aritméticas (básicamente porque utilizan la calculadora de la máquina).

Ahora veremos cómo con un poco más de código podemos crear una neurona y entrenarla. Tendrá tres entradas y una salida. Vamos a entrenar la neurona para resolver un problema muy sencillo: encontrar un patrón numérico dada una secuencia de números. Para ello debemos dar ejemplos de dicho patrón. En este caso daremos cuatro ejemplos (las tres entradas y también la salida). Estos son los datos de entrenamiento y se los damos nosotros (el programador, el ser humano).

Datos de Entrada			Salida
Ejemplo 1	0	0	1	0
Ejemplo 2	1	1	1	1
Ejemplo 3	1	0	1	1
Ejemplo 4	0	1	1	0

Bien. Es posible que hayas notado que <u>la salida siempre es igual al valor de la columna de entrada más a la izquierda</u>. Por lo tanto ante una nueva situación como esta:

Nueva situación	1	0	0	¿?

la respuesta al interrogante debería ser 1. Esto es algo que nosotros podríamos ver a simple vista.

Proceso de entrenamiento de una neurona artificial

Pero ¿cómo le enseñamos a nuestra neurona a responder correctamente a la pregunta? Bien. Le daremos a cada entrada un peso, que puede ser un número positivo o negativo. Una entrada con un gran peso positivo o un gran peso negativo tendrá un fuerte efecto en la salida de la neurona. Antes de comenzar, asignamos a cada peso un número aleatorio. Luego comenzamos el proceso de adiestramiento.

Tomamos las entradas del conjunto de entrenamiento, las ajustamos según los pesos y las pasamos a través de una fórmula matemática muy simple para calcular la salida de la neurona.

Calculamos el error, que es la diferencia entre la salida de la neurona y la salida deseada según el ejemplo del conjunto de entrenamiento. Dependiendo de la dirección del error, ajustamos ligeramente los pesos.

Repetimos este proceso 10.000 veces.

Con el tiempo, los pesos de la neurona alcanzarán un nivel óptimo para el conjunto de entrenamiento. Si permitimos que la neurona piense en una situación nueva, que siga el mismo patrón, debería hacer una buena predicción.

Aquí vendrá el código del programa. En apenas nueve líneas de código. Las frases que comienzan con el símbolo # son comentarios que escribimos en los programas a título informativo, no se interpretan por el programa.

```
# Datos de entrenamiento
x = [[0, 0, 1, 0], [1, 1, 1, 1], [1, 0, 1, 1],
[0, 1, 1, 0]]
y = [0, 1, 1, 0]

# Pesos
pesos = [-2, -1, 1, 1]

# Tendencia
```

```
tendencia = 0

# Iteracciones de entrenamiento
para i de 0 a 10000:

  # Calcular la salida de la neurona
  salida = SumaPonderada(x[i], pesos) + tendencia

  # Actualizar los pesos y la tendencia
  pesos = pesos + (y[i] - salida) * x[i]
  tendencia = tendencia + (y[i] - salida)

# Datos de prueba
x_test = [[1, 0, 1, 0]]

# Calcular la salida de la neurona
salida = SumaPonderada(x_test, pesos) + tendencia

# Imprimir la salida
Imprimir(salida)
```

Resumen: Primero, la red neuronal asignó pesos aleatorios y luego la adiestramos usando el conjunto de entrenamiento. Luego consideró una nueva situación [[1, 0, 1, 0]] y predijo 0,99993704.

La respuesta correcta era 1. ¡Muy cerca!

Por supuesto, en nuestro ejemplo, se trataba de solamente una (1) neurona realizando una tarea muy, muy, simple. Pero ¿qué puede ocurrir cuando hacemos programas que utilizan millones de estas redes de neuronas artificiales? ¿Podríamos algún día crear algo inteligente, consciente?

Ahora mismo no es posible. Ni siquiera somos capaces de entender completamente qué es la consciencia humana, pero quizás sí son posibles otras cuestiones mucho más elementales y específicas. Por ejemplo: ¿estas redes neuronales artificiales podrían ser creativas?

La creatividad humana y el diagrama de la Flor de Loto

Sin entrar en grandes debates semánticos o filosóficos, seguramente cada uno de nosotros tiene una idea acerca de lo que representa la creatividad. Y es posible que no todos creamos que forzosamente pasa por esa capacidad de crear nuevas ideas o conceptos. Las ideas o conceptos nuevos, en puridad, no son muy habituales y "ser original" es casi un eslogan como puede ser "Inteligencia Artificial". Por el contrario, ser capaz de crear asociaciones entre ideas y conceptos conocidos puede generar soluciones novedosas y originales. Existen incluso técnicas de creatividad para generar/ordenar ideas. Quizás la más conocida sea la lluvia de ideas y los mapas mentales. El mapa mental favorece el pensamiento divergente y la inclusión de todos los componentes de cada unidad de pensamiento que se desarrolla. Desde luego, un mapa mental, no se parece al funcionamiento de una red neuronal artificial.

En cambio, el diagrama y técnica de Flor de Loto incita al usuario a focalizar el pensamiento en un concepto principal, el que nos interesa, y nos invita a crear conceptos secundarios asociados al mismo (a modo de pétalo de flor). Este reto o invitación es una metodología cognitiva-analítica que va generando ideas, que a su vez se van convirtiendo en temas centrales y así sucesivamente, dado que los temas que se van desplegando provocan nuevas ideas y nuevos temas. Esta herramienta, que favorece el desarrollo del pensamiento analítico y fomenta el pensamiento creativo, tiene muchos parecidos con algunas de las características de las llamadas redes neuronales artificiales:

1º Se parte siempre de un concepto o tema central. Desde ahí generamos, de forma aleatoria incluso, media docena de un conjunto de conceptos secundarios.

2º Comparamos los conceptos secundarios con el principal y elegimos aquellos que guardan más relación con el tema central. Podemos descartar aquellos que consideramos que se alejan completamente.

3º Generamos una nueva capa de nuevos conceptos para cada uno de los conceptos secundarios.

4º Iteramos. Repetimos tantas veces como sea necesario el proceso hasta comprobar que nuestra idea va tomando forma.

Podemos ver que existe un gran parecido entre esta metodología (flor de loto) y el método que se utiliza actualmente para trabajar con redes neuronales artificiales. Y es que nosotros somos de la opinión que quizás el término red neuronal artificial sea muy exagerado, igual que llamar "inteligencia" a una tecnología de la información (ya en su momento llamar "memoria" a los archivos de información de nuestros ordenadores indujo a error a muchos usuarios). No estamos proponiendo que a estos programas se les llame flor de loto en vez de Inteligencias artificiales, pero la obsesión, o el interés, por crear constantemente analogías con la mente humana puede inducir a error a una sociedad, bastante analfabeta digitalmente, que termine viendo gigantes artificiales en vez de simples y bonitos molinos de viento.

¿Cómo se entrena a una red neuronal artificial con millones de neuronas?

Las Redes Generativas Antagónicas (RGAs) son otra clase de algoritmos que se utilizan en el aprendizaje profundo no supervisado y consisten en dos redes neuronales artificiales que compiten mutuamente en una especie de juego de suma cero o capitalista: una neurona gana exactamente la cantidad que pierde la neurona oponente. ¿Os suena? Esta técnica puede generar fotografías o textos que parecen auténticas a los observadores humanos. La idea es la siguiente: una fotografía sintética de un objeto, animal o persona que consiga engañar al discriminador (una de las partes funcionales del algoritmo), es probable que lleve a una persona cualquiera a aceptarlo como una fotografía real. Lo mismo sucede con un texto.

Para conseguir algo así es necesario generar datos nuevos y sintéticos similares a algunos datos de entrada. Para ello una red genera y la otra discrimina. El generador está entrenado para producir datos sintéticos idénticos a, atención, los datos de entrada, mientras que el discriminador está entrenado para distinguir entre datos sintéticos y reales.

¿Generar datos sintéticos?

Un dato sintético es aquella información que se genera de forma artificial para paliar la falta de datos históricos reales. Aunque no lo parezca, no existen tantos datos reales en formato digital en la Web y es necesario crearlos de forma sintética (por ejemplo, rostros, caras). Aunque valga decir que estos datos sintéticos incluyen imágenes, texto, audio y muchos más, y son similares a los datos del mundo real.

Ocurre, sin embargo, que muchas veces para crear datos sintéticos se recurre en forma de "semilla" a datos reales, rostros en este ejemplo, que son celebridades y desde los cuales se procederá a generar datos sintéticos. Unos datos que por sintéticos que sean recuerdan mucho a los rostros de esas celebridades. Queriendo o sin querer se inventaron los *deep fakes*, falsificaciones profundas, que fue puesta en marcha, muy especialmente, por la industria pornográfica, utilizando los siguientes ingredientes: existían y existen, en la Web, más imágenes de actrices y modelos, celebridades, que de personas anónimas. Existen cientos de miles películas pornográficas y millones de imágenes.

Con estos dos ingredientes no había más que entrenar al algoritmo de turno para que sustituyese la cara de la actriz pornográfica por una celebridad (en el 99,99% de los casos, mujeres). El experimento funcionó. Las falsificaciones profundas demostraron a la industria, también a las tecnológicas, que era posible generar resultados falsos que parecieran reales. Lo importante era y sigue siendo que la atención se fije en el resultado final y no en el proceso. Por falaz o pornográfico que sea este proceso. Las actrices, las mujeres, han sido y son carne de experimentación y de comercialización en la llamada Inteligencia Artificial de esta tercera ola.

La gran ola las trajo.

Un modelo generativo aprende la función de distribución intrínseca de los datos de entrada, lo que le permite generar tanto la entrada sintética como la salida. El generador se entrena intentando engañar al discriminador, que está entrenado para distinguir imágenes reales de imágenes falsas. Después del adiestramiento, el modelo generativo se puede utilizar para crear nuevas muestras plausibles bajo demanda. Parece un juego de palabras: generar imágenes sintéticas, algunas de ellas falsas, para entrenarlas y terminar disponiendo de imágenes que puedan parecer reales (al programa y a los usuarios) aunque en realidad sean falsas.

El poco conocido BERT

Una de las mayores innovaciones para que las máquinas *entiendan* el lenguaje humano surgió hace poco en Google, aunque seguramente, nuevamente, los usuarios no lo percibieron y Google no le dio excesiva publicidad: el sistema BERT.

Bidirectional Encoder Representations from Transformers (BERT), un sistema basado en redes neuronales que permite entrenar a los modelos de comprensión de lenguaje de Google sobre cómo hablan los humanos. Fue implementado en las búsquedas a partir de 2019 en más de 70 idiomas. La pregunta es si notamos alguna diferencia.

Hace casi cinco años que Google utiliza una Inteligencia Artificial, no solamente en el Traductor, también en su buscador, y algo así pasó inadvertido. ¿Cómo es posible?

De la misma forma que también pasa de forma más o menos inadvertida que Google adquiere una media de 10 empresas por año. Que Google, Alphabet Inc, adquiera una compañía no es casi noticia, así en 2014 compró por 650 millones de dólares una compañía británica llamada DeepMind (fundada en 2010 y dedicada al campo de la Inteligencia Artificial). 650 millones de dólares en fichajes es lo que un equipo de fútbol inglés como el Chelsea se ha gastado en 2023. Francia (802 millones), Alemania (717), Italia (664) y España (378) encabezan la lista de países que más gastan en fichajes futbolísticos. Podría pensarse que para poner en marcha determinadas tecnologías es necesario mucho dinero. Unos recursos económicos que solamente algunos países o empresas poseen. Y como podemos ver nada más lejos de la realidad. Por el precio de un fichaje multimillonario del mundo del fútbol, Google compró una empresa fundamental para sus objetivos y para la tercera ola de la Inteligencia Artificial.

La compra de DeepMind permitió a Alphabet inc, dotar a Google Maps de funciones específicas que hasta el momento no había podido desarrollar. Google maps permite que cada día casi 1.000 millones de kilómetros sean recorridos a través de su interfaz de navegación. Y esas rutas están marcadas por una Inteligencia Artificial que se encarga de «estipularlas». ¿Cómo funciona de forma interna el navegador de Maps? Primeramente digamos que cuando navegamos hacia una ruta en Maps estamos ofreciendo ya una información del estado de esa calle, carretera o autopista. Nuevamente, nosotros mismos, nuestros dispositivos, son y somos información. Estos datos son de gran valor, pero no valen mucho cuando se ha de hacer una estimación de cómo estará esa vía en 20, 30 o 50 minutos o quizás mañana. El 'machine learning', entra en juego para dar mejores estimaciones para los próximos minutos y así analizar los patrones históricos del tráfico de una calle o carretera. Google Maps tiene registrados un gran número de patrones (supongamos que le indican que, en una población determinada, entre las 6 y 7 de la mañana los vehículos van a una velocidad de 80km/h. Mientras que por la tarde se llega a los 30-50km/h. Google Maps para dar estimaciones cruza esos datos con los actuales y usa el 'machine learning' para generar predicciones basadas en ambos datos.

¿Machine Learning? aprendizaje automático. Google Maps, gracias a DeepMind y mediante el uso de métodos estadísticos, utiliza los algoritmos que entrenan redes neuronales artificiales para hacer clasificaciones o predicciones. En muchas ocasiones el campo de actuación del llamado aprendizaje automático se solapa con el de la mera estadística (las dos disciplinas se basan en el análisis de datos). ¿Dónde está la frontera entre la estadística y este subcampo de la Inteligencia Artificial que es el aprendizaje automático? El aprendizaje automático puede ser visto como un intento de automatizar algunas partes del método científico mediante métodos matemáticos. Por lo tanto es un proceso de inducción del conocimiento.

En cualquier caso, queda bastante claro que, hace una década, Google estaba muy por delante en este tipo de tecnologías respecto a las otras grandes compañías y decidió lanzarlas en su traductor y en su servicio de mapas, pero no en el programa estrella: el Gran Buscador. ¿Por qué? El motivo hay que encontrarlo en el miedo de Google que era, y sigue siendo, perder el monopolio en las búsquedas.

Pero cuando, el 14 de marzo de 2023, se lanzó GPT-4 de la mano de Open AI, participada por Microsoft, que añadió el ChatBot llamado GPT-4 a su buscador Bing.com, entonces se encendieron todas las alarmas en Google. De repente las búsquedas en formato clásico, la gallina de los huevos de oro, podían quedar desfasadas frente a un programa que dispone de un Chat Bot "Inteligente" al que podemos preguntar y pedir cualquier cosa que se encuentre en la Web, sin necesidad de buscarlo. Por tanto sin posibilidad de mostrar anunciantes de pago. Siendo la publicidad la principal fuente de ingresos de la multimillonaria Alphabet Inc, gracias a Youtube, gmail, etcétera, pero especialmente gracias al buscador de Google, los directivos de Alphabet no quisieron matar la gallina de los huevos de oro.

¿Nos encontramos en la primavera de la Inteligencia Artificial o en el invierno de la publicidad en los buscadores?

Es posible que no sea muy correcto hablar de una primavera de la IA, si tal y cómo hemos visto la mismísima Google lleva más de una década utilizando técnicas de Inteligencia Artificial en sus principales productos. Si pensamos que en 2022, Google generó 224.47 mil millones de dólares en ingresos por publicidad (lo que representó casi el 80% de los ingresos totales) podemos comprender que una vez el panal de la publicidad de Google derrame su deliciosa miel, las moscas acudirán ansiosas a devorarla. "Y era tan dulce que no podían dejarla" termina diciendo Esopo en su fábula.

¡Es la publicidad, estúpidos!

Y aquí, posiblemente radique todo, las grandes compañías tecnológicas quieren su parte de la publicidad en buscadores. Arañar una parte del casi 90% de la cuota de mercado que tiene Google con su buscador es un buen negocio. Bueno y fácil (ponerte anuncios). Si para ello hay que poner de moda una tercera ola de conexionismo e invertir en compañías y tecnologías emergentes, no hay problema. Lo importante es quitar terreno a Google e ir vallando tu jardín. Ahora inteligente.

En páginas anteriores ya hablamos de la importancia que supuso para Google "compilar" enteramente, como hizo Diocleciano con el derecho romano, la Web. Disponer de ella a su antojo e indexarla a su imagen y semejanza. Con la excusa de entrenar a estos programas, ahora no hay una sola gran tecnología que disponga de dicha compilación. Desde Microsoft hasta Facebook pasando por Amazon o Twitter, cada una de estas multinacionales está intentando dar su forma a todo el contenido de la Web o de sus jardines. Están naciendo, nacerán, decenas de compilaciones de todo el contenido que hay en la web. Caído el muro de los derechos de autor, de la propiedad intelectual, todos nuestros contenidos son, de facto, de aquellos que los puedan almacenar y procesar a su antojo.

Queda poco para hablar de Chat GPT-4, Google Bard, los modelos de lenguaje grande y toda la pléyade de programas que hace uso de la cacareada IA. Antes vamos a retroceder en el tiempo. Vamos a ver que era la Inteligencia Artificial hace 40 años. De esta forma, no solamente vamos a demostrar o recordar que ya existía algo que pretenden vendernos como nuevo. También vamos a poder contrastar aquellos programas de Inteligencia Artificial con los programas, sesgos y culturas, actuales.

¿Dónde nació el término Inteligencia Artificial?

En el lejano 1956, un informático norteamericano llamado John McCarthy acuñó el término «Inteligencia Artificial» y organizó una Conferencia (en la Universidad de Dartmouth, Estados Unidos) que reunió a investigadores norteamericanos de diversos campos para discutir y explorar la idea de crear máquinas inteligentes. Durante esta fase se desarrollaron los primeros programas que debían ser resueltos con Inteligencia Artificial mediante el razonamiento lógico deductivo. Estos primeros sistemas de Inteligencia Artificial eran y son llamados "simbólicos", de los que hemos hablado al inicio del libro, porque utilizaban reglas lógicas y símbolos para representar y razonar sobre el conocimiento, imitando de esta forma el pensamiento humano a través de reglas y relaciones entre conceptos.

No habían pasado ni diez años desde aquella conferencia y se descubrió un fenómeno documentado a raíz del programa informático Eliza, desarrollado por Joseph Weizenbaum en el lejano 1966.

Eliza, el programa que da nombre al efecto (Efecto

Eliza), se diseñó para simular, en forma de parodia, la interacción de un terapeuta (un Chat Bot) dando conversación al usuario a través de preguntas preconfiguradas, diseñadas para mantener un diálogo básico entre el usuario y el Chat Bot. En Estados Unidos, muchas personas que interactuaron entonces con Eliza llegaban a creer que el programa de algún modo entendía sus problemas y emociones, aunque el programa en realidad solo seguía un conjunto de reglas predefinidas. Históricamente el descubrimiento del efecto ELIZA fue muy importante para el concepto y desarrollo de lo que ahora viene en llamarse Inteligencia Artificial (que tiene demasiado de ingeniería social). El programa Eliza nunca fue programado para, ni siquiera, simular emoción. Era el usuario el que le otorgaba esa capacidad.

¿Y Europa?

Conceder forma o cualidades humanas a una cosa o un ser sobrenatural (antropomorfizar) es considerada una tendencia innata de la psicología humana. Aunque el efecto Eliza, del que seguramente escucharemos hablar cada vez más, es evidente que tiene más prevalencia en Estados Unidos que en Europa.

Alrededor del 40% de las parejas estadounidenses se conocen a través de aplicaciones de citas online. Cada vez menos parejas se conocen a través de amigos en común. ¿Es grave, doctor?

¿Qué pasaría si tu mejor amigo, tu cónyuge o tu pareja fuera propiedad de una empresa privada?

Replika.com es un chatbot comercial diseñado específicamente para convertirse, sí o sí, en un amigo, en un acompañante e incluso en un amante virtual. Algo que, aunque no sabe lo que está diciendo, "aprende" del usuario a medida que éste le cuenta sus cosas. Replika se lanzó en 2016 y potencia sus bots conversacionales con un gran modelo de lenguaje (la ingesta de enormes cantidades de texto de Internet e intentar encontrar patrones mediante prueba y error para predecir la siguiente palabra en una oración). Este programa es utilizado cinco veces más en Estados Unidos que en países como España (en Italia estuvo prohibido durante años).

En psicología del comportamiento, la prueba del espejo está diseñada para descubrir la capacidad de los animales para ser conscientes de sí mismos. Hay algunas variaciones de la prueba, pero la esencia es siempre la misma: ¿los animales se reconocen en el espejo o piensan que son seres completamente diferentes?

En este momento, una parte de la humanidad se enfrenta a su propia prueba del espejo gracias a las crecientes capacidades de la Inteligencia Artificial y muchas personas, por lo demás inteligentes, la están fallando. El espejo, evidentemente, es la última generación de chatbots llamados generativos y su reflejo no es otra cosa que la riqueza del lenguaje y la escritura que la humanidad ha dejado en la WEB y que, de facto, se ha incorporado a estos modelos y ahora reverbera graciosa o peligrosamente en nosotros.

Parecen querer convencernos de que estas herramientas podrían ser las máquinas superinteligentes de nuestras historias porque, y es totalmente cierto, están entrenadas precisamente con esas mismas historias. Sabiendo esto, deberíamos poder reconocernos en los espejos de nuestras nuevas máquinas, pero en cambio, parece que demasiadas personas están convencidas de haber visto otra forma de vida "inteligente". Lo que es importante recordar es que los chatbots de la Inteligencia Artificial son herramientas de autocompletar. Son sistemas adiestrados en enormes conjuntos de datos de texto humano extraídos de la web: en blogs personales, cuentos de ciencia ficción, foros de discusión, reseñas de películas, diatribas en redes sociales, poemas olvidados, libros de texto anticuados, letras interminables de canciones, manifiestos, revistas y un largo y hermoso etcétera. Estas máquinas analizan este universo inventivo, entretenido y abigarrado y luego intentan recrearlo. Es innegable que son buenas en eso y están mejorando, pero imitar el habla no hace que una computadora sea sensible o razone. Ni siquiera sabe lo que está diciendo. La coherencia está en los ojos de quien mira.

Esta dependencia de un chatbot no es anormal, ya hemos hablado del "efecto Eliza" del que seguramente surgirán nuevos estudios que lo pongan en duda. Seguido de revisiones que vengan a decir "De acuerdo, el chatbot no es inteligente pero creo que tiene algo...", etcétera. Y será en aquellos países y personas con nivel cultural menos alto donde el grado de dependencia será mayor. Del ¿Cómo trabajabais antes de Internet? que expresan demasiados millennials y el inefable "Me lo dijo Google" pasaremos al "Lo dice la máquina".

La programación lógica
El Modus ponendo ponens

Casi al mismo tiempo que el grupo musical "Los tres sudamericanos" popularizó el tema "Me lo dijo Pérez"; en los años 70 del siglo pasado y mientras, en Estados Unidos, demasiada gente suspiraba para que Eliza les atendiese... En Europa, se inventó un lenguaje lógico llamado Prolog.

Programación Lógica es el nombre de un tipo de programación que se desarrolló en los años 70 en Francia de la mano de dos informáticos: Alain Colmerauer y Philippe Roussel. En lugar de ver un programa de computadora como una descripción paso-a-paso de un algoritmo, el programa se concibe como una teoría lógica y la llamada a un procedimiento cualquiera se considera un teorema cuya verdad debe establecerse. Por tanto, ejecutar un programa significa buscar una prueba. En los lenguajes de programación tradicionales (imperativo), el programa es una especificación procedimental de cómo se debe resolver un problema. Por el contrario, un programa lógico se concentra en una especificación declarativa de cuál es el problema.

Prolog es una abreviatura de Programación lógica. Sus reglas de sintaxis y semántica son simples y claras (uno de los objetivos de Prolog era proporcionar una herramienta a lingüistas ignorantes en informática). Prolog se utiliza(ba) en Inteligencia Artificial y procesamiento lingüístico informático (principalmente lenguajes naturales). Los programas en Prolog se componen de unas fórmulas lógicas llamadas cláusulas de Horn y que constituyen reglas del tipo: "Si es verdad el antecedente, entonces es verdad el consecuente". Técnicamente hablando, en lógica formal, se denomina El modus ponendo ponens (traducido del latín: "el modo que, al afirmar, afirma").

Un ejemplo sencillo:

"Si llueve, entonces hay nubes".

En Prolog, todo el conocimiento se expresa empleando (casi) exclusivamente lógica de primer orden. No hay redes neuronales, ni nada de lo que hemos visto en los capítulos anteriores. Todo es lógica, hechos y reglas. La lógica de primer orden tiene un compromiso ontológico muy fuerte, donde la realidad implica objetos y relaciones entre ellos. Por lo tanto, se dice que Prolog es un lenguaje lógico y que la programación en Prolog es programación lógica. Un programa Prolog no es por tanto más que un conjunto de hechos y reglas que expresan cierto conocimiento mediante lógica de primer orden.

En Prolog, alimentamos una base de conocimientos (de hechos y reglas) entonces es posible realizar consultas a la base de conocimientos. La unidad básica de

Prolog es el predicado, que se define, siempre, como verdadero. La negación pura no existe en Prolog. La naturaleza declarativa de Prolog le permite sobresalir en tareas que implican buscar en grandes conjuntos de datos, hacer inferencias y razonar sobre relaciones complejas. Prolog proporciona una codificación o sintaxis muy eficiente para problemas que requieren inferencia:

Por ejemplo, para resolver el clásico problema de inferencia lógica:

Todos los humanos son mortales.
Sócrates es un ser humano.
¿Es Sócrates mortal?

Se puede codificar y escribir fácilmente, en lenguaje Prolog como:

```
Mortal (X):- humano (X).
Humano (sócrates).
```

Si ejecutamos el programa y preguntamos al programa
```
¿Mortal (sócrates)?
```
El programa en Prolog responde:
```
Sí
```

Podemos señalar que en ninguna parte hemos declarado explícitamente que Sócrates es mortal, sino que está implícito en la regla que relaciona a los humanos y la mortalidad y el hecho sobre Sócrates. Esta inferencia requiere sólo tres líneas de Prolog pero varias páginas de código en lenguajes imperativos y procedimentales convencionales.

¿Podemos decir entonces que el lenguaje Prolog es capaz de razonar?

La respuesta es no, no completamente. No en lo fundamental.

En el siglo XIX, se desarrolló un marco para comprender el razonamiento humano basado en la lógica formal. Tres tipos bien conocidos de razonamiento estaban en el centro de su sistema: la deducción (silogismo), la inducción y abducción. La deducción (inferimos desde las causas hacia los efectos, o desde lo universal hacia lo particular) y la inducción (que recorre exactamente el camino inverso de la deducción).

Prolog es capaz de deducir (derivar una conclusión) e inducir (generalizar) pero incluso es capaz encontrar la mejor explicación posible para algo (abducción). La abducción es un tipo de razonamiento inferencial que se utiliza cuando se enfrenta a situaciones desconocidas o ambiguas. Prolog puede hacer frente a esas situaciones desconocidas. La abducción no es un problema para la programación lógica.

Ocurre, sin embargo, que en las llamadas Inteligencias Artificiales actuales sí lo es. ¿Qué le falta a las inteligencias artificiales para razonar de una manera al menos cercana a la inteligencia natural? La abducción, que es ese tipo de razonamiento que busca explicar un hecho o fenómeno mediante una hipótesis. La abducción es el proceso de razonamiento mediante el cual se engendran las nuevas ideas, las hipótesis explicativas y las teorías científicas. Sí, quizás sea un puente demasiado lejano hasta para la mayoría de los seres humanos, pero la utilizamos.

Veamos un ejemplo simple de abducción. Supongamos que tenemos la siguiente información:

Tenemos un hecho: "el césped está mojado".

Podemos establecer una hipótesis o conjetura: "ha llovido".

En este caso, la abducción nos lleva a la hipótesis de que la lluvia es la mejor explicación para que el césped se encuentre mojado. Aunque no podemos verificar directamente si ha llovido, la abducción nos permite generar una conjetura plausible basada en una evidencia observada.

Otro ejemplo, algo más complicado.

Hecho observado: en una empresa, los empleados de diferentes orígenes culturales reciben evaluaciones de desempeño. Se observa que los empleados de ciertas culturas tienden a recibir calificaciones más bajas en comparación con sus colegas de otras culturas.

Abducción (hipótesis): una hipótesis plausible podría ser que existe un sesgo cultural en el proceso de evaluación. Por ejemplo, los evaluadores pueden inconscientemente favorecer a empleados de su propia cultura o tener expectativas diferentes según la cultura. Es solo una hipótesis, puede haber más.

Llegados a este punto, y sabiendo que ahora mismo la abducción y la Inteligencia Artificial son incompatibles, no así en la programación lógica, nos podemos hacer la siguiente pregunta:

¿Existe algún motivo para haber descartado a la programación lógica en detrimento de los nuevos sistemas de Inteligencia Artificial?

Es evidente que algún motivo tuvo que existir. Y aunque pueda parecer un asunto demasiado técnico o complejo, si lo analizamos bien podremos ver que no es un tema menor. Veamos, sabemos que los programas de Inteligencia Artificial necesitan datos hasta el punto de tener que crearlos (datos sintéticos) para "entrenarse". Un entrenamiento que básicamente proviene de la Web. ¿Es esto peligroso? Actualmente la frontera entre: los programas (de Inteligencia Artificial) y los datos (para esos programas de Inteligencia Artificial) es bastante difusa. Más que programas y datos, son sistemas. Cajas negras de las que se desconoce totalmente su funcionamiento. Las empresas tecnológicas, que crean productos, generalmente cerrados y de pago, se afanan en decir que estas "Inteligencias Artificiales" están entrenadas con los últimos contenidos de Internet, lo que viene a querer decir que: siempre necesitaremos la suscripción mensual de marras para asegurarnos que estamos actualizados para poder acceder a ese contenido de calidad.

Al unir programas inteligentes y datos nos condenan a tener que pagar en pos de una mejor calidad de la información, una mejor productividad, etcétera.

Por el contrario, si construimos un programa con Prolog estamos utilizando la programación lógica. Esto es, el lenguaje y los programas que hagamos con él, no inventan, no "generan" nada. No hace una estimación de cual puede ser la respuesta correcta en función de cómo ha sido entrenado. Un programa Prolog infiere y deduce, incluso no se queda a las puertas de la abducción. Deberíamos tener la posibilidad de elegir ¿Autosuficiente contra modelo de suscripción? ¿Código fuente contra caja negra? ¿Software libre contra modelo software propietario? ¿Las fabulas de Esopo contra la lámpara de Aladino? ¿Millones de computadoras libres y federadas contra una Máquina Inteligente que todo lo sabe?

Y no. No se trata de ser tendencioso, pero cabe preguntarse si entre tanta ola "inteligente", entre tanta marejada y *marejadilla inteligentisima*, entre ese ir y venir de Europa a Estados Unidos, nos hemos dejado, como siempre, algo por el camino. **La programación lógica, que ya resolvía importantes cuestiones en el terreno del aprendizaje y razonamiento humano, queda cubierta por una industria digital que está ávida de seguir generando pingües beneficios en forma de suscripciones mensuales e inteligencias artificiales que no nos cansaremos de repetir: son de pago.** El lenguaje Prolog es software libre, podemos descargarnos

Prolog libremente en nuestro ordenador y comenzar a escribir programas lógicos (sistemas expertos, reconocimiento del lenguaje natural, etcétera) en cuestión de minutos. Utópico, lo sé. Un programa de los años 70 vuelve a poner sobre el tapete la imposibilidad, en el siglo XXI, de hacer nuestras las utopías del siglo XX. A fin de cuentas no es la primera vez que ocurre. ¿Ha existido mejor invento para la educación que la televisión? Sí, la de antena y culo enorme, completamente limpia, sin casi emisiones de CO_2. ¿En qué se terminó convirtiendo? Respuesta: en la llamada caja tonta. En un invento majestuoso que terminaron llenando de tonterías controladas totalmente por el gobierno de turno. La televisión era un buen invento, hasta que nos tiraron un "cable" y las ondas hertzianas gratuitas desaparecieron y pasaron a ser módicos sistemas de suscripción digital e incluso "inteligentes". Ahora, otra vez, se repite el modelo, porque no olvidemos que si algo tienen estas Inteligencias Artificiales de nuevo cuño es que convierten a nuestros aparatos, computadoras y móviles, en meros terminales tontos que deben, obligatoriamente, hacer consultas vía internet a un "Cerebro electrónico".

¿Está desactualizada la programación lógica? Después de todo, ¿no son los sistemas de Inteligencia Artificial actuales, que están impulsados por el aprendizaje automático, tan y tan poderosos que pueden aplicarse para adquirir la capacidad de razonar de manera inteligente a partir de datos? Cualquiera que crea algo así, nunca ha intentado una consulta como la siguiente: "libros que no sean de Inteligencia Artificial". Vaya el lector a su motor de búsqueda favorito basado en el súper aprendizaje automático y realice esa búsqueda.

El aprendizaje y el razonamiento son habilidades ampliamente complementarias que requieren técnicas complementarias, de la misma manera que las capacidades cognitivas de un ser humano están impulsadas por habilidades complementarias de "pensar rápido" y "pensar lento". El razonamiento inteligente siempre ha sido, y sigue siendo, un tema central en el programa de estudios de Inteligencia Artificial. Y los lenguajes declarativos basados en la lógica, como Prolog, siguen siendo ingredientes clave.

He aquí la diferencia.

Lógicamente no estoy diciendo que todo esto se haga de forma completamente consciente, pero se podría establecer algunas hipótesis de porqué se elige un modelo y no otros, dado que Prolog es una herramienta poderosa para representar conocimiento, razonar lógicamente y resolver problemas en el campo de la Inteligencia Artificial.

Algunas hipótesis acerca del uso y abuso de las nuevas llamadas Inteligencias Artificiales conectadas a Internet. ¿Qué había antes de estos modelos generativos recientes (tipo Chat GPT, Bard y otras hierbas) y después del Prolog de los años 70? ¿Hubo algo entre una ola y otra, o el campo de la Inteligencia Artificial y del aprendizaje automático era un páramo por aquel entonces?

Y la respuesta la podemos encontrar en IBM.

Elemental, querido Watson. La no Inteligencia Artificial de IBM

La empresa norteamericana IBM dispone de un programa llamado Watson desde el año 2011. Este programa es capaz de responder a preguntas formuladas en lenguaje natural, sin ningún tipo de problema. No es absoluto experimental, y dispone de versiones comerciales cuyo precio no baja del millón de dólares. Watson funciona obligatoriamente con sus propias computadoras. IBM lo describe como *"una aplicación de tecnologías avanzadas diseñadas para el procesamiento de lenguajes naturales, la recuperación de información, la representación del conocimiento, el razonamiento automático, y el aprendizaje automático al campo abierto de búsquedas de respuestas"*. Podemos comprobar que en ningún momento aparecen las palabras Inteligencia Artificial. Cuando compras o vendes algo por un millón de dólares no estás para tonterías. Es vital detallar exactamente lo que se está comprando o vendiendo. El sistema de IBM es lo opuesto al modelo de suscripción donde te venden el acceso a un Inteligencia Artificial todo a 100. Watson responde a las preguntas gracias a una base de datos almacenada localmente (no han compilado la Web). La información contenida en esa base de datos proviene de multitud de fuentes, incluyendo enciclopedias, diccionarios, tesauros, artículos de noticias, y obras literarias, al igual que bases de datos externos, taxonomías, y también ontologías.

Pues bien, Watson, en gran medida, está programado

en el lenguaje Prolog, en programación lógica, además del inefable lenguaje C.

¿Podríamos deducir entonces que es posible que estos modelos de lenguajes grandes, estos programas generativos de respuestas puedan quedar en desuso por costosos y poco sostenibles? Podría ser. Alternativas hay. Si IBM puede utilizar un lenguaje nacido en Europa, Europa podría dejar de utilizar y depender de la tecnología creada en Estados Unidos.

Otra hipótesis. Volvamos a Europa

Lo cierto es que pese a ser Europa, el lugar donde nació la WWW, el smartphone, el mismo sistema Linux y la programación lógica, el papel y peso del viejo continente es casi nulo en todo lo relacionado con la informática en general. Europa, actualmente se dedica a legislar desde el Parlamento Europeo, donde hace bueno el dicho que la administración pública camina mucho más despacio que la innovación. Si la Administración pública, que de por sí ya es lenta, además es Europea (que va a rebufo de lo que haga el mercado norteamericanos y asiático) los presagios para nuestro continente no son nada buenos.

"En la Unión Europea, en lugar de actuar como inversores de primer recurso, demasiados gobiernos se han convertido en prestamistas pasivos de último recurso, y abordan los problemas solo después de que surjan". Esto no lo escribo yo, lo escribe la prestigiosa economista Mariana Mazzucatto.

Un defensor de estos programas y sistemas emergentes actuales dirá que existe una gran diferencia entre un programa Prolog, que ciertamente puede encontrar, matemáticamente, la mejor ruta entre dos puntos, y el aprendizaje profundo automático y *vitaminizado*, que utiliza Google Maps, para encontrar la mejor ruta en las laberínticas ciudades del mundo. Aunque el primero sea lo más cercano a la Inteligencia Artificial resulta menos útil para una sociedad que es cualquier cosa menos exacta. Y razón no le faltaría. Especialmente si esa persona considera que la tecnología no debe encontrar soluciones óptimas y sostenibles, sino simplemente resolver problemas.

En cualquier caso. No importa lo que diga este ensayo. La Inteligencia Artificial ya existe por obra y gracia de la Unión Europea. El continente que más atrasado está en tecnologías de la información ha querido marcarse un tanto y decidió hace poco ponerse a la *vanguardia* legitimando un nombre "Inteligencia Artificial" que la mayoría de los eurodiputados no sabría justificar.

La Ley de Inteligencia Artificial

La Ley de la Inteligencia Artificial al igual que la Ley de Protección de datos son leyes que nacen de la necesidad por parte de Europa de restringir el coto de caza de las grandes compañías tecnológicas norteamericanas. La Ley de Protección de datos llegó cuando nuestros datos ya habían sido vendidos incluso en el mercado de segunda mano. La Ley de la Inteligencia Artificial llega tan pronto, que es posible, casi seguro, que a partir de ahora cualquier programa informático se autodenomine de Inteligencia Artificial.

La Ley de Inteligencia Artificial (AI Act) es un reglamento propuesto el 21 de abril de 2021 por la Comisión Europea cuyo objetivo es introducir un marco normativo y jurídico común para la Inteligencia Artificial (sic). Su ámbito de aplicación abarca casi todos los sectores y todos los tipos de Inteligencia Artificial. ¿Casi todos? El ámbito militar no estará regulado por la Ley. De momento, la Ley todavía no ha sido aprobada, la propuesta no confiere derechos a los particulares, sino que regula a los proveedores de sistemas de Inteligencia Artificial y a las entidades que hacen uso de ellos a título profesional. Alguien podría pensar que esta Ley lo que también pone en marcha es la separación entre Inteligencia Artificial militar y civil.

El reglamento propuesto clasifica las aplicaciones de Inteligencia Artificial en función de su riesgo y las regula en consecuencia. Las aplicaciones de bajo riesgo (sic) no se regulan. Se prevé un código de conducta voluntario para estos sistemas de bajo riesgo, aunque no estará presente desde el principio. Los sistemas de riesgo medio y alto requerirían una evaluación obligatoria de la conformidad, realizada como autoevaluación por el proveedor, antes de su comercialización.

¿Quién decide si una aplicación es de bajo o alto riesgo?

En el caso de algunas aplicaciones especialmente críticas, sean Inteligencia Artificial o no, ya requieren una evaluación de conformidad y supervisada en virtud de la legislación comunitaria que se encuentre vigente. Por ejemplo, es el caso de los productos sanitarios. La autoevaluación del proveedor de la IA con arreglo a los requisitos de la Ley Inteligencia Artificial será examinada por el organismo competente. Dicho de otro modo: Europa quiere poner puertas al campo, dado que desde la Unión Europea no se podrá impedir el acceso a las miles de aplicaciones, con IA o sin IA, a las que quiera acceder el usuario.

La propuesta también impondría prohibiciones a determinados tipos de aplicaciones, a saber, el reconocimiento biométrico a distancia (que ya existe y está en marcha) las aplicaciones que manipulan subliminalmente a las personas (sin comentarios), las aplicaciones que explotan vulnerabilidades de determinados grupos de forma perjudicial y la evaluación social. Para las tres primeras se propone un régimen de autorización en el contexto de la aplicación de la ley, pero la evaluación social se prohibiría por completo. Suena a broma, ciertamente. **La evaluación social es la unidad de medida, la moneda de cambio, que se utiliza actualmente en el negocio publicitario de la Web.**

Cuando hablamos sobre el diseño, desarrollo y uso de sistemas de Inteligencia Artificial en el sector militar o para la defensa nacional, automáticamente pensamos en armas autónomas, robots, etcétera, habilitados para IA. Y aunque todas estas armas existen e incluso peores, cómo veremos más adelante, hay que recalcar que la industria militar ya está usando otros tipos de IA que son de doble uso (civil y militar) y que son, ni más ni menos, los considerados críticos por parte de la Unión Europea. La excusa para utilizarlas y no estar reguladas por la Ley, evidentemente será la seguridad nacional, etcétera. El caso es que se está protegiendo a la industria militar, que de esta manera no tendrá que rendir cuentas en el desarrollo y utilización de armas que hagan uso de una llamada Inteligencia Artificial. Máquinas y programas, a fin de cuentas, que no deberían poder tomar decisiones similares a las humanas y que involucran los principios legales de distinción, proporcionalidad y precaución en algo que de por sí ya no es muy inteligente como son las guerras.

Oiga, ¿esto de la Inteligencia Artificial contamina?

Enviar solo un correo electrónico equivale a 4 gramos de CO_2 y cada vez que realizamos una búsqueda en Google se precisa tanta energía como la necesaria para mantener encendida una bombilla casi dos minutos (108 segundos). Considerando que el motor de búsqueda procesa más de 8.500 millones de búsquedas cada día, podemos ver que el impacto de la tecnología en el medio ambiente es notable. Ahora pensemos que existen **millones de centros de datos en el mundo**, cuyos ordenadores están encendidos las 24 horas del día los 365 días del año. No es muy difícil imaginar la extraordinaria cantidad de energía que consumen estas instalaciones y las emisiones de carbono a la atmósfera derivadas de ello. Internet actualmente genera al año la misma cantidad de carbono que Hong Kong, Singapur, Bangladesh, Filipinas, Sri Lanka y Mongolia juntos. **Si Internet fuera un país, sería el sexto más contaminante del mundo**. Así lo afirman los datos de la organización Greenpeace en su informe Clicking Clean.

Esta información es ofrecida también por la misma Google que dispone de herramientas profesionales (de pago), en las que puede medirse la emisión de C02, la huella de carbono que genera nuestro trabajo digital diario.

Pues bien, las nuevas Inteligencias Artificiales (ChatGPT, y sistemas similares), no hacen otra cosa que multiplicar el problema. En realidad, son completamente insostenibles. Quince consultas, por tontas que sean, a Chat GPT equivalen al gasto de tener encendida una bombilla estándar de 40 W durante una hora. Con estos nuevos programas, no haremos más que empeorar la enorme factura medioambiental que genera el mundo digital. Un mundo que parece inofensivo, que no mancha, no huele, pero que es el responsable de un porcentaje, cada vez más elevado, de la emisión de gases de efecto invernadero. Por si fuera poco estos millones de centros de datos necesitan refrigerarse (¿has visto lo caliente que se pone la computadora o el móvil dependiendo de su uso?) y la refrigeración por aire ya no es suficiente, ha de recurrirse al enfriamiento mediante agua. El consumo de un bien tan escaso como éste no es menor: un centro de datos de tamaño medio puede llegar a consumir en un solo día más de un millón de litros de agua.

Lamentablemente la Unión Europea no ha considerado necesario obligar a las empresas tecnológicas dueñas de los productos que usamos a diario (desde Google, hasta Whatsapp, pasando por cualquiera de las millones de aplicaciones existentes en la web) para que indiquen de forma clara al usuario la emisión de CO_2 que generamos al utilizarlas. La nueva Ley de Inteligencia Artificial proyectada no hace, ni tan siquiera, una mención al respecto.

Una forma de concienciar a los ciudadanos sería mostrar avisos "Acabas de emitir 0.2 mg al hacer esta búsqueda en Google". "Llevas diez preguntas, una bombilla lleva encendida casi una horita en alguna parte del mundo". Si el tabaco mata, el digitalismo, aunque no lo parezca, contamina y mucho. Hay más 30.000 millones de dispositivos digitales en nuestro planeta conectados a Internet. Los nuevos programas de Inteligencia Artificial, al necesitan estar conectados a Internet para funcionar, no solucionarán el problema, todo lo contrario. Si dejamos que sean las empresas tecnológicas las que nos avisen del gasto medioambiental al utilizar un producto (enviar un e-mail, subir una foto, etcétera) lo que harán, lo que están haciendo, es justamente lo contrario: emitir Certificados de compensación de carbono (sic) que tendrán frases grandilocuentes y falsas "Has mandado un Whatsapp pero acabamos de plantar un pino en tu nombre".

No me llames Gepeto llámame Chat GPT. Hasta los datos y más allá

Gepeto, el anciano y pobre carpintero que no tiene hijos y crea un títere de madera en la novela "Las aventuras de Pinocho", no es el personaje principal. El protagonismo recae precisamente en el figura inanimada creada por Gepetto: Pinocho, al que una noche un hada da vida. Pinocho, que al mentir le crece la nariz, pasa de figura inanimada a cobrar vida gracias al esfuerzo humano del carpintero, la magia del hada y especialmente al aparecer ante un público. Condición indispensable para ser un títere.

Vamos a hablar de estos programas, estas herramientas generativas, estas inteligencias artificiales algo *gepetas* que han eclosionado durante el año 2023. Casi ciento cuarenta páginas después de comenzar este ensayo deberíamos estar capacitados para entender qué son, y qué no son, estos programas que dicen utilizar Inteligencia Artificial.

¿Chat GPT?

Un transformador generativo preentrenado (GPT). Es, en realidad, un Modelo de Lenguaje Grande (LLM, Large Language Model en Inglés). Ya vimos en un capítulo anterior que podía haberse llamado Transformer o Pinocho Generativo pues el nombre de Transformer no guarda relación con lo que hace el programa.

La formula es bastante sencilla:

Datos Masivos Entrenados con Redes Neuronales artificiales Para una Generación de respuestas

Los Lenguajes de Modelos Grandes son el resultado de usar cantidades masivas de datos junto con redes neuronales artificiales que son adiestradas con miles de millones de parámetros (tokens) para ser capaces de generar respuestas. Para ello consumen grandes recursos computacionales tanto durante su adiestramiento pero especialmente cuando son utilizados por los usuarios.

La tasa de error de estos programas acostumbra a ser bastante grande. Dado que los ingenieros que las diseñaron son muy inteligentes, acostumbran a decir que algunas veces estos programas "alucinan". Alucinar, otra muestra más de cómo se intenta antropomorfizar a estos sistemas. A Pinocho le crece la nariz al decir una mentira, estos programas no saben lo que es verdad o mentira.

Chat GPT es un programa creado por OpenAI, una empresa que se auto define como una organización de Inteligencia Artificial (IA) formada por la organización sin fines de lucro OpenAI, Inc con sede en el estado de

Delaware, considerado paraíso fiscal, y su corporación subsidiaria con fines de lucro OpenAI Global, LLC. En febrero de 2019, se anunció GPT-2, nunca existió realmente GPT-1, que era capaz de generar texto similar a un humano. GPT-2 ya fue entrenado con el contenido que había en la Web, especialmente Wikipedia.

En definitiva, la principal novedad de este tipo de programas generativos respecto a los anteriores (recordemos que los chat bot son programas muy antiguos), es que actualmente se dispone de océanos de datos y se han creado nuevas técnicas que han recibido el nombre de "mecanismos de atención" para poder bucear entre ellos. Estos programas bucean para encontrar tesoros. El tesoro es predecir cuáles serán los textos de entrada más relevantes. ¿Cómo conseguirlo? La solución a este problema, una vez más, tuvo como fuente la bio inspiración de las neurociencias y el comportamiento humano. El mecanismo de atención natural permite al cerebro centrarse en una parte de la entrada (imagen, texto, cualquier percepción) y darle menos atención a otras cuando es necesario. Estas Inteligencias artificiales generativas emulan, nuevamente, ideas que tenemos sobre la mente humana.

La forma de funcionar de estos programas no ha cambiado prácticamente. Si en un buscador web (por ejemplo Google.com o Bing.com) tecleamos aquello que queremos encontrar y el programa nos muestra *sus* resultados, actualmente es posible utilizar consultas con frases más elaboradas y la Inteligencia Artificial, en vez de mostrarnos *sus* resultados, generará *su* explicación. Una explicación también más elaborada, que intenta de forma probabilística parecer coherente.

Otros modelos similares a Chat GPT son PaLM de Google que la empresa desempolvó deprisa y corriendo para competir con Microsoft y Open AI. Meta AI (anteriormente Facebook) también tiene un modelo de lenguaje grande fundamental basado en transformadores generativos, conocido como LLaMA. En el fondo, cualquier multinacional del sector de las comunicaciones y las tecnologías de la información terminará sacando su réplica de Chat Bot. Desde Samsung hasta Amazon pasando por X (antes Twitter) y un largo etcétera.

Futuro a corto plazo de la Inteligencia Artificial

Entre las actividades futuras, parece indudable que los temas de investigación, también en forma de productos, más importantes continuarán basándose en lo que se conoce en inglés por massive data-driven para la Inteligencia Artificial. Es decir, seguir explotando la posibilidad de acceder a cantidades masivas de datos y poderlos procesar con un hardware cada vez más rápido, y contaminante, para descubrir relaciones entre ellos (detectar patrones y realizar inferencias y aprendizaje mediante modelos probabilísticos como los sistemas de aprendizaje profundo).

Vamos a seguir asistiendo a una lluvia de productos, noticias e investigaciones (con pocos logros) en el ámbito de estos Modelos de Lenguajes Grandes que tienen como colofón un chat bot al que le podemos pedir información o que realice determinadas tareas. Nada nuevo, en definitiva.

No obstante, estos sistemas basados en el análisis de enormes cantidades de datos tendrán que incorporar en el futuro, esperemos que no muy lejano (aunque hemos visto que la Ley de Inteligencia Artificial de la UE no habla de ellos), módulos que permitan explicar cómo se ha llegado a los resultados y qué conclusiones se proponen. La capacidad de explicación es una característica que debe ser irrenunciable en cualquier sistema inteligente, pues permite comprender cómo funciona el sistema y evaluar su confiabilidad. Hay que saber si las respuestas que nos dan son correctas por las razones correctas o se deben a coincidencias que puede haber en el conjunto de datos de entrenamiento.

En busca del fuego. Empresarios versus Académicos

Hay y habrá dos formas de entender y tratar a la llamada Inteligencia Artificial. El enfoque empresarial/industrial que viene a decir que la mejor forma de avanzar en este campo es implementando productos de forma iterativa, recaudando dinero y construyendo computadoras más potentes. Capitalismo puro y duro. Por el lado opuesto el académico/científico cree que el avance se logra mejor llevando a cabo investigaciones científicas y dedicando menos recursos a fabricar productos de IA orientados al consumidor. Viendo la evolución de las tecnologías de la información en los últimos treinta años parece claro el camino a seguir: un no parar de productos y más productos que utilizan, o se auto definen, como

Inteligencias Artificiales. Aunque no lo sean, inteligentes, pero sí nos permitan usarla.

Se puede afirmar que el uso del fuego era muy común entre los Neandertales, e incluso mucho antes con la especie Homo erectus. Sin embargo el auténtico matiz es el de diferenciar la mera utilización de la creación del fuego. ¿Quién aprendió a hacer fuego? Ahora mismo no importa, sabemos que se logró. Pero antes de lograrlo, hubo otro logro, muy importante en la historia. Se trata del uso y mantenimiento del fuego (a partir de tormentas eléctricas, incendios naturales o fenómenos volcánicos). Una especie no sabe hacer fuego, pero sabe mantenerlo y sabe sacarle partido. Aunque no seamos capaces de hacer un fuego (muchos de nosotros seríamos incapaces de hacerlo de forma "natural" en pleno siglo XXI) sus utilidades fueron fundamentales (la defensa ante el frío o los animales salvajes, como herramienta para la caza, permitir iluminar el interior de las cuevas, la cocción de alimentos). Otro muy distinto, e infinitamente más valioso, es el de ser capaz de generarlo, lo que llevó, mucho tiempo después, a que surgiera, en la compleja historia de la humanidad y como desarrollo a partir de estos comienzos, logros como la metalurgia, la alquimia o las ciencias químicas para las que el completo dominio del fuego resultó indispensable. Podemos entonces pensar que, una parte de lo que entendemos hoy por ciencia no surge del intelecto o la curiosidad sino también de la capacidad del hombre para intentar satisfacer sus necesidades inmediatas.

Que la Inteligencia Artificial ha llegado para quedarse es una mera hipótesis. El digitalismo, por el contrario, es una realidad. Algo incuestionable. Mientras tanto, nos están dando la posibilidad de utilizar, pagando, el *uso del fuego de la Inteligencia Artificial.* Y aunque sin duda puede ser útil, debemos ser conscientes que no tiene nada que ver con el ser capaces de aprender a crearla.

¿Cuándo aparece aquí la Robótica?

Como si fuera una película, o una serie, la industria de la tecnología y de los negocios mide muy bien los tiempos entre actos y hemos visto que "estrena" y presenta programas como si fueran nuevos aunque lleven tiempo entre nosotros. Ya hemos hablado del caso de Google que ahora se muestra falsamente vulnerable en el campo de la IA precisamente cuando aparece el juicio en el que se les acusa de monopolistas. Llevamos unos años hablando de Inteligencia Artificial, en 2023 mucho y seguramente en 2024 mucho más, pero más tarde o más temprano hará su aparición la robótica unida a estos programas generativos que imitan conversaciones humanas. Lo hará cuando toque, cuando el marketing lo requiera. No obstante, cuando lo haga seguramente supondrá un cambio en el en el campo científico de la Inteligencia Artificial. Una de las críticas más fuertes a estos sistemas de Inteligencia Artificial de la tercera ola o de la web 4.0, es que no son corpóreos. Un "agente inteligente", el que sea, o que pretenda serlo, necesita un cuerpo, el que sea también, para poder tener experiencias directas con su entorno. Que sea un programador el que proporcione descripciones abstractas de este entorno codificadas mediante un lenguaje de representación de conocimientos hace que todo sea demasiado virtual. *Inteligencia virtual* sería un término más apropiado para describir a los programas de ahora. Porque sin un cuerpo, estas representaciones abstractas no tienen contenido semántico para la máquina (la computadora).

No obstante, mediante la interacción directa con el entorno, el "agente inteligente artificial", que podría ser un robot del tipo que fuese, puede relacionar las señales que percibe mediante sus sensores con representaciones simbólicas generadas a partir de lo que ha percibido. Está llegando el momento para que las máquinas además de oír, ver, tocar sean capaces de oler. Solo así, con "agentes corpóreos completos" por feos o absurdos que sean, podremos aproximarnos a algún tipo, quizá no de auténtica inteligencia, pero sí de ¿consciencia?

A finales del siglo XIX, un filósofo, lógico y científico estadounidense, Charles Sanders Peirce postuló que todas las observaciones que dan cuerpo a las ideas complejas y juicios de la inteligencia comienzan con una suposición, o lo que él llamó una abducción. La abducción es, a diferencia de la deducción que demuestra algo que puede ser, cuando nuestro razonamiento nos sugiere algo que podría ser. También vimos que la abducción es una forma de razonamiento muy humano al que la Inteligencia Artificial es incapaz de enfrentarse. Peirce utilizó una bella metáfora para explicar lo que según él era la abducción:

Las negritas entre corchetes son aportaciones mías.

Al mirar por la ventana en esta hermosa mañana de primavera veo **[y huelo]** *una azalea en plena floración. ¡No, no! No es eso lo que he visto* **[y olido]**, *aunque sí se trate de la única manera en que puedo describirlo. Es una proposición, una frase, un dato; pero lo que percibo no es una proposición, una frase, un dato, sino apenas una imagen* **[un olor]** *que yo hago inteligible en parte a través de la exposición de un hecho. Esa exposición es abstracta, pero lo que yo veo* **[y huelo]** *es concreto. Realizo una abducción cada vez que expreso cualquier cosa que haya visto* **[y olido]**.

Peirce, que hizo grandes aportaciones a la semiología (ciencia que estudia sistemas de signos: códigos, lenguas, señales, entre otros) se centra en algo que parece circunstancial: ver.

Donde quiere incidir Pierce, y lo que quiere dejar muy claro, es su definición de lo que para él es la abducción. Pues bien. Podríamos preguntarnos, cuando vemos confrontados a la vista y al olfato, si a la hora de exponer un hecho de forma abstracta, un programa informático, "un agente inteligente", un robot quizás nos pudiera ofrecer algo más que ver y tocar.

El problema difícil de la consciencia

Para el neurocientífico Antonio Damásio: "La conciencia es un proceso: no se halla en un lugar concreto". Si Damásio está en lo cierto, la conciencia no estaría en un programa de IA, sea del tipo que sea, sino en todos los procesos que los "agentes corpóreos", por ejemplo robots, generan al realizar cualquier actividad. Y por agentes corpóreos debemos incluirnos también los seres humanos.

La forma en la que interactuamos con las máquinas condiciona su uso y también la forma en la que la percibimos.

En 1965, el filósofo Hubert Dreyfus publicó un artículo titulado «Alchemy and Artificial Intelligence» en el que fue uno de los primeros científicos en abogar por la necesidad de que la Inteligencia Artificial forme parte de un cuerpo con el que poder interaccionar con el mundo. La idea principal es que la inteligencia de los seres vivos deriva del hecho de estar situados en un entorno con el que pueden interactuar: tocar, oír... ¿oler?

Si "la conciencia es un proceso: no se halla en un lugar concreto" es posible que nuestros procesos conscientes en el mundo digital sean incompletos. Simplemente tocamos (pantallas y teclados) y no paramos, en bucle, de oír y ver. Oír y ver, oír y ver... Pero ¿Y oler?

¿A qué huele el mundo digital?
¿A qué huele Internet?
¿A qué huele la Inteligencia Artificial?

Internet, el digitalismo, no huele a nada. La información nos entra por ojos y oídos, y sale de nuestras manos y boca, pero no olemos (ni nos olemos) nada. Miles de millones de personas en el mundo, al conectarse a la red, se convierten en anósmicas.

En el año 2019 desarrollé un proyecto que resultó finalista en el II Premio Internacional a la Innovación Cultural del CCCB (Centro de Cultura Contemporánea de Barcelona). Este proyecto se cuestiona si podemos acercarnos a Internet con todos nuestros sentidos y, de poder hacerlo, qué cosas cambiarían. ¿Podemos otorgar olores a los cientos de eventos, programas o mensajes que se producen diariamente en Internet? ¿Podemos empoderarnos y crear una red más sensorial, menos binaria, o debemos esperar a que las máquinas nos huelan para descubrir la importancia del olfato? Es tiempo ahora de experimentar con las posibilidades de comunicación y expresión de los olores de una manera que solo los entornos electrónicos y el ecosistema de Internet permiten.

El olfato, el sentido más antiguo del ser humano no se utiliza en el mundo digital. El olfato es el único sentido que llega de forma directa de la nariz al cerebro, a diferencia de otros sentidos cuya información pasa por estructuras intermedias antes de procesarse, por el tálamo para ser más exactos. Se da incluso la paradoja que en este boom de los programas que utilizan Inteligencia Artificial se están creando programas que "aprenden a oler", cuando son los propios usuarios los que perdemos esa facultad al trabajar con todo lo concerniente al mundo digital. ¿Nos engancharíamos a un programa por muchos colorines que tuviera si también pudiéramos olerlos? El juego más vendido del mundo, Tetris, ya desde su origen en 1984, destacó por *hipontizar* a los jugadores que no podían parar de encajar piezas geométricas que van cayendo sobre una superficie desigual y que además cuentan con unos colores especialmente elegidos para captar la atención. Y así muchos ejemplos, ¿Existiría el síndrome de Diógenes digital en caso de poder oler todo lo que guardamos en nuestros trasteros digitales? ¿Necesitaríamos millones de imágenes en caso de contar con una memoria olfativa digital? ¿Mandaríamos mensajes, estaríamos conectados per-ma-nen-te-men-te si oliésemos todo lo que mandamos?

¿Cómo podemos ni tan siquiera hablar de inteligencia cuando utilizamos dispositivos que merman nuestro sentido más genuino?

¿Los progresos de la Inteligencia Artificial específica nos acercan a la Inteligencia Artificial real?

Prácticamente todos los proyectos en IA se han centrado en construir inteligencias artificiales especializadas, funcionales, específicas y los éxitos alcanzados en solo sesenta años de existencia, y en particular durante el último decenio, aunque son muy interesantes, no dejan de ser una Inteligencia Artificial débil. En el fondo estos avances se han debido principalmente a la conjunción de tres elementos casi coyunturales:

• La disponibilidad de enormes cantidades de datos.

> A diferencia del agua, por ejemplo, los datos todavía no se entienden como un bien común.

• El acceso a la computación de altas prestaciones para poder ©analizar estos datos.

> El símbolo de © no es gratuito. En el fondo, de lo que se está hablando es de cuánto debemos pagar para poder acceder a estos inmensos datos, provenientes de la Web y creados por el ser humano.

• El imperio de una ley no escrita en el mundo digital que viene a decir, prácticamente, que la industria puede decir y hacer lo que quiera.

> Tanto la Ley de Inteligencia Artificial como las Actas en Estados Unidos exigen que sea la propia industria la que se regule y comunique los posibles riesgos que puede acarrear sus tecnologías. La contaminación provocada por los combustibles fósiles tampoco era un problema en los años sesenta.

Cualquier cambio en alguno de estos tres puntos puede dar al traste y, con todo, no podemos decir que se hayan producido avances en el campo científico de la Inteligencia. La neurociencia, como ciencia que es, no se deja arrastrar por modas y productos y avanza a su ritmo.

Esto es sólo la punta del iceberg que podemos ver en la sociedad civil. Hace tiempo que se está desplegando Inteligencia Artificial en las operaciones que lleva a cabo Israel en Gaza para ayudar a tomar decisiones. La Dirección de Inteligencia Militar de Israel no tiene empacho en reconocer que su ejército utiliza IA y otras herramientas "automatizadas" para "producir objetivos fiables de forma rápida y precisa".

Se trata de una grave escalada en el uso de esta tecnología, no sólo para los palestinos sino también para la comunidad internacional. Es casi seguro que la tecnología que se está probando en Gaza se exportará como parte del gran y poderoso sector de tecnología armamentística de Israel. En pocas palabras, los algoritmos de IA utilizados para atacar objetivos palestinos pronto podrían aparecer en otros conflictos desde África hasta América del Sur, pasando por Europa.

La consciencia del F-35 y la conciencia invisible

Recordemos, cuando hemos hablado de la regulación de Inteligencia Artificial, que es muy posible que el apartado más importante de esa regulación sea precisamente el que no se regule la IA, en el ámbito militar. Teniendo en cuenta que muchos de los grandes inventos, inventores y evidentemente científicos han trabajado para la industria militar, es muy posible que todos los ensayos que este autor puede escribir sobre Inteligencia Artificial sean un juego de niños en comparación con lo que ocurre en el mundo de la Defensa. La industria militar puede nutrirse, se nutre, de la industria civil pero no siempre ocurre al revés. Pensamos en programas, en sistemas, incluso en robots sobre los que discutimos si deben pagar impuestos o no. Pero hay algo que ya está en marcha. Que además ya ha sido probado. Hay máquinas de guerra que ya disfrutan de una conciencia. Y no, no es ciencia ficción. El avión de guerra llamado F-35 incorpora tal cantidad de radares, sensores, computadoras, etcétera, que le permite disponer de una "conciencia situacional". Un conocimiento de la situación o conciencia de la situación (en inglés situation awareness).

La conciencia situacional trata de la representación mental y comprensión de los objetos, eventos, gente, estados de los sistemas, interacciones, condiciones ambientales y cualquier otro tipo de factores de una situación específica que puedan afectar al desarrollo de las tareas humanas, bien sean complejas o dinámicas. Pues bien, el avión de combate más vendido en el mundo occidental, y el más caro, el norteamericano F-35 (Lockheed Martin F-35 Lightning II) ya dispone de una Conciencia situacional. Leyendo la múltiple documentación que se

puede encontrar sobre este avión, es interesante comprobar que en ningún momento se utiliza la tan cacareada "Inteligencia Artificial". Simple, llana y sorprenden-
temente hablan de consciencia. Se trata de una máquina
de guerra que puede presumir de una conciencia situacional. Ni más ni menos.

El F-35 es una realidad desde hace años. Ya tiene la
etiqueta de "probado en combate" que es el mejor argumento para acudir a las ferias de guerra. El avión forma
parte también del ejército israelí que ha bombardeado
Gaza y Siria multitud de veces, "Probado en combate".
Un "agente inteligente" ha llevado la destrucción y la
muerte utilizando su consciencia mientras nosotros de-
batimos si los futuros robots deben tener o no derechos.
En fin, preguntas de ciencia ficción del siglo pasado.

**Mientras, en el siglo XXI se ponen las bases, me-
diante las leyes de Inteligencia Artificial, en Estados
Unidos pero especialmente en Europa, que aseguran
a la industria armamentística una barra libre para
seguir construyendo sistemas "inteligentes" multi-
millonarios y muy lejos del radar de los gobiernos
civiles y los derechos humanos.** No olvidemos que,
por ley, el gobierno estadounidense le otorga cerca de
3.800 millones de dólares anuales a Israel para destinar-
lo a su presupuesto de defensa con las que desarrolla
tácticas de guerra donde una IA "selecciona objetivos"
para ser atacados. Un programa, aunque se disfrace de
IA no deja de ser un programa, se pone en contacto con

la consciencia situacional de un avión de guerra, otro programa, al que indica los objetivos que debe destruir. Misión cumplida. La conciencia humana, deberíamos decir la mala conciencia, se hace invisible, inexistente. Mientras tanto, a nosotros nos venden suscripciones mensuales de IA todo a 100 y películas de miedo donde nuestros programas puedan superar algún día a la inteligencia humana.

Lo que se está creando en el mundo es una conciencia artificial donde la ética desaparece bajo el manto de una supuesta nueva híper tecnología. Nada más falso.

Hace 60 años del vuelo del Vostok I, con el que Yuri Gagarin hizo la primera orbita espacial a la tierra. El vuelo espacial fue 100% automático...

A Gagarin le dijeron que no tocase nada durante la misión. Nada, ni un triste botón y así lo hizo. El ordenador de abordo del Vostok I no era ni digital (no existían todavía los microchips).

De suceder hoy, nos dirían que la Inteligencia Artificial nos permite salir al espacio.

Y no, no hay tal lugar.

Quizás nos lleve el viento al infinito, escribía Torrente Ballester.

Quizás la nueva Inteligencia Artificial nos deje siempre en nuestro triste pasado.